审协湖北中心知识产权服务丛书

知识产权视角下
技术创新人才的引进

Intellectual Property

国家知识产权局专利局专利审查协作湖北中心
—
组织编写

知识产权出版社
全国百佳图书出版单位
— 北 京 —

图书在版编目（CIP）数据

知识产权视角下技术创新人才的引进 / 国家知识产权局专利局专利审查协作湖北中心组织编写 . —北京：知识产权出版社，2021.8

　ISBN 978-7-5130-7600-5

　Ⅰ.①知… Ⅱ.①国… Ⅲ.①知识产权保护—关系—技术革新—人才引进—研究—中国 Ⅳ.①D923.404②F124.3

中国版本图书馆 CIP 数据核字（2021）第 133249 号

内容提要

本书通过构建有利于人才引进和创新的评价方法，从人才价值理论与知识产权、科技创新型人才引进的知识产权评议需求、人才引进知识产权评议方法研究、人才引进知识产权评议的实施管理机制四个方面实现了人才引进前的挖掘、人才引进中的评议和人才引进后管理的全流程统筹，并使知识产权评议由被动评价到主动介入的转变、从人才引进末端向引进前端的延伸、从辅助人才引进到主导人才引进的升级。本书可作为人才引进相关部门和从业人员的参考用书。

责任编辑：许　波　　　　　　　　　　责任印制：孙婷婷

知识产权视角下技术创新人才的引进
ZHISHI CHANQUAN SHIJIAOXIA JISHU CHUANGXIN RENCAI DE YINJIN

国家知识产权局专利局专利审查协作湖北中心　组织编写

出版发行：**知识产权出版社** 有限责任公司	网　　址：http://www.ipph.cn
电　　话：010-82004826	http://www.laichushu.com
社　　址：北京市海淀区气象路 50 号院	邮　　编：100081
责编电话：010-82000860 转 8380	责编邮箱：xubo@cnipr.com
发行电话：010-82000860 转 8101	发行传真：010-82000893
印　　刷：北京虎彩文化传播有限公司	经　　销：各大网上书店、新华书店及相关专业书店
开　　本：720mm×1000mm　1/16	印　　张：11
版　　次：2021 年 8 月第 1 版	印　　次：2021 年 8 月第 1 次印刷
字　　数：128 千字	定　　价：56.00 元

ISBN 978-7-5130-7600-5

前　言

　　《国家知识产权战略纲要》明确指出要强化知识产权在经济、文化和社会政策中的导向作用，建立重大科技项目的知识产权评议工作机制，以知识产权的获取和保护为重点开展全程跟踪服务。各政府、企事业单位已经将知识产权纳入了人才引进特别是科技创新人才引进的评价指标体系中，然而还存在知识产权评议在人才引进中应用面不广泛、不深入，及人才引进知识产权评议实施管理不顺畅等问题。

　　为了促进知识产权评议与科技经济活动中人才引进的进一步融合，本课题研究了不同引进主体、不同经济区域、不同类型的产业及产业处于不同生命周期时对于人才的客观需求，通过对专利所承载的技术、法律、市场等多方面信息进行深入挖掘和综合分析，全面、准确地揭示产业、行业、领域与人才引进的关系，总结了一套广泛适用于不同情景下的人才引进知识产权评议的理论方法，其中为了全面反映人才、团队、企业的价值，分别构建企业和人才引进价值模型，从人才团队、创新技术和商业价值等维度设置全面、科学的指标体系，综合主、客观评价方法，更为精准地实现符合引进主体需求的人才价值评估。为促进人才引进知识产权评议机制的应用，本书初步探索出一套人才引进知识产权评议机制实施管理机制，并以具体实例实现人才引进知识产权评议在政府招商引智活动中的全流程示范，为精准引智、科学立项规避风险、保驾护航。

本书编者中由赵喜元负责总体策划，由罗强、于志辉、陈蓬、冯晓伟主要承担统筹及修订工作；各章节编写的分工如下：冯晓伟负责第1章第1.1节、第5章；郭倩负责第4章第4.2节、第6章；于志辉负责第1章1.2～1.4节、第2章第2.1～2.3节、第3章第3.1～3.3节；聂兰兰负责第2章2.4节、第3章3.4节；刘钿负责第1章第1.5节；陈蓬负责第4章第4.1节；罗强负责后记。

在前期课题研究过程中，下列同事亦做出贡献：崔金、黄玉婷、刘铮、刘洋成、孟腾、田科、李俊红、焦文，在此表示感谢！

由于作者水平有限，时间较为仓促，所以疏漏之处在所难免，恳请广大读者提出宝贵的意见。

目　录

第 1 章

导　论

　　人才资源是经济社会发展的第一资源。人才资源对于国家和社会的发展起着至关重要的作用，已成为现代经济社会发展的关键要素，具有较高的科技战略意义。人才在当今经济社会发展中所起的作用尤为突出，国家和社会一旦拥有了人才优势，也就意味着拥有了竞争优势。

　　人才竞争是国家综合发展的核心竞争力。国以才立，政以才治，业以才兴。在科学技术飞速发展的当今时代，人才不仅是先进生产力的重要创造者和先进文化的重要传播者，也是国与国之间、家与家之间竞争的主要对象，综合国力的竞争终究是人才与人才之间的竞争。

1.1　新形势下的国际人才竞争态势

1.1.1　人才短缺成为不可避免的问题

　　随着信息时代的到来和知识经济的发展，21 世纪各类技术创新人才的需求量急剧增加，世界各国都将出现更为严重的人才短缺问题，人才短缺已成为经济社会快速发展中不可避免的问题。

无论是新兴国家、发展中国家，还是发达国家，都面临着经济社会的快速发展与人力资源不匹配的问题，人才短缺现状日趋明显。这种人才短缺不仅表现在人才数量上的不足，更多地表现在人力资源在知识和技能方面相对于快速发展的经济和文化的不适应性。因此，各国均在制定积极的人才战略，以大力培养内部人才和加速引进外部人才作为主要手段，谋求本国人才竞争力的快速提升。整体而言，随着经济社会的飞速发展，各国对人才数量和质量的普遍需求更加明显，人才短缺现象将进一步加剧，人才竞争将成为各国综合国力竞争的焦点。

美国在 21 世纪末至 22 世纪初将缺少几十万名具有学士学位的科技人才，靠本国培养的人才资源难以满足实际发展的需要；法国在未来 20 年中，对具备工程师水平的人才需求将从目前的 16 万人增加到 40 万人，大大超过法国的人才培养量；德国在今后的 20 年，电脑技术人员将短缺 6 万名；到 2010 年，日本也将发生科技人员 445 万人的空缺。❶ ❷在各个科学技术领域，尤其在材料、信息、电子、生命科学等领域，未来科技人员的需求量将是现在的数倍。在国际高层次人才大量短缺的情况下，我国所面临的国际人才竞争也无疑将愈演愈烈。

我国人力资源和社会保障部统计数据显示，高层次科技人才匮乏成为我国经济发展的瓶颈。新华网强调，中国人才队伍的规模、结构和素质等，与世界先进国家和经济社会发展需要相比，还有很多不适应的地方，特别是高层次创新型人才匮乏，人才创新创业能力不强，人才结构和布局不尽合理，

---

❶ 白晓东.美国华人专业知识分子阶层的形成 [J].中国人才，1994（06）：23.

❷ 林勇.国际人才竞争与我国海外华人高层次人才战略 [J].八桂侨刊，2003(04):22-24.

人才发展体制机制障碍尚未消除，人才资源开发投入不足等。可见，我国正面临着严峻的人才尤其是高层次科技人才短缺形势，我国现有的高层次科技人才队伍不能够充分地满足我国经济社会快速发展和科学技术的飞速进步，人才短缺状况已成为制约我国经济与社会发展的重要因素。

1.1.2　人才竞争变成全球性竞争

人才竞争远比物质资源的争夺更为激烈和复杂。人才是具有多重复杂性的唯一有生命的资源，人才资源的争夺不仅依靠经济，更多还依靠人才长远的发展环境和人才成长制度。面对日益激烈的国际人才竞争，一些国家如印度、巴西纷纷采取人才反争夺措施，在经历了人才大量流失、人才少量回归两大阶段后，逐步恢复到了人才大量回归的新的阶段。韩国的电子、电气、汽车等高科技产业飞速发展，成为海外高层次人才有力的竞争者；印度计算机软件行业的崛起曾吸引了本国众多海外高层次人才的回归，使其很快成为仅次于美国的第二大软件出口国。有的跨国公司不仅重金招聘、猎头挖掘，还通过支持办学、设立奖学金等形式从人力资本形成期就有目的地吸引人才。

人才的国际流动呈现出新趋势。20 世纪 80 年代主要从发展中国家、不发达国家向以美国为首的发达国家流动，90 年代开始转变为西欧各国及加拿大、日本等发达国家之间人才互相流动及人才流向亚洲等新兴发展中国家的动向。进入 21 世纪以来，跨国公司实行人才本土化战略，造成由众多高级人才的"明流"转为在家门口与国际资本结合的"暗流"。这种争夺战目前逐渐上升到主导地位。人类的科技水平得以快速提高并持续推进经济全球化，人才的全球流动愈加频繁，人们逐渐对"人才竞争"有了更深刻的理解。"国际科技人才竞争"是指各国围绕科技人才的培养、使用和争夺而展开的竞争，它不仅表现在科技人才的国际流动方面，还表现在科技人才的培养与使用方面。国际人才竞争具体表现为一个国家的人才获得和另一国家的人才流失，并逐步变成国际化竞争。

在全球化背景下，尽管不同国家之间科技人才流动和争夺过程受到人们更多的关注，但人才的争夺却是与各国人才的培养、使用制度及其他相关的文化因素分不开的，后者是前者的基础。因此，如果一个国家在国际人才流动和争夺上处于明显的劣势，不仅意味着其人才竞争手段的缺乏或失效，同时也意味着它在人才的培养和使用制度及相关的社会文化制度上存在着缺陷。

1.2　高层次创新型人才竞争的特点

1.2.1　高层次创新型人才的竞争成为国际人才竞争的焦点

随着知识社会化水平的不断推进及经济多元化的深入发展，各国对人才的需求呈现多样化特征，同时也出现高端化和专业化的趋势，高层次创新人才成为国际竞争的焦点。高层次创新型人才在推动社会发展中的重要性及其价值日趋凸显，已成为人类社会进步的核心资源之一，是提升核心竞争力的重要因素，高层次人才的竞争在世界范围内逐渐趋于白热化。创造新的知识、生产高附加值的产品、开拓新的产业领域的迫切需求，使得对高层次创新人才的培养和吸引成为各国紧迫的任务。一方面，各国均在不遗余力地培养本国博士、博士后，促进青年人才快速成长，培养世界水平的研究人员；另一方面，各国也在加强对国际一流人才的争夺。

1.2.2 高层次创新型人才资源是建设创新型强国的保证

党的十九大报告指出："……我国社会主要矛盾已经转化为人民日益增长的美好生活需要和不平衡不充分的发展之间的矛盾。"中国人民大学法学院、知识产权学院教授万勇认为，要解决这一矛盾，显然不能继续采用传统的资源依赖性的经济增长方式，必须走创新型国家发展战略。随着新一轮技术革命的持续展开，科技在经济发展中具有越来越重要的地位，加快创新型国家建设是全球竞争的大势所趋。

于国内形势而言，制造业是国民经济的主体，是立国之本、兴国之器、强国之基，是国内迫切需要向高精尖方向发展的产业。18 世纪中叶开启工业文明以来，世界强国的兴衰史和中华民族的奋斗史一再证明，没有强大的制造业，就没有国家和民族的强盛。于国际形势而言，发达国家对我国实施技术封锁，我们难以获得技术支持和参考，只能依靠独立研发，还要时常面临国外对我国实施的技术制裁和产品禁运，很多国内高精尖企业对进口的严重依赖使得国内高新企业在贸易战威胁下受到较大制约。只有研发出世界先进的技术，才能在国际分工制造大洗牌的形势下占得一席之地，分得一杯羹。改革开放以来，中国的开放大门越开越大，更多的外资企业进入国内，国外技术必定构成国内制造业的强烈竞争态势，国内产业面临优胜劣汰和大洗牌，面临更多的侵权风险。因此，现如今迫切需要研发具有自主知识产权的科学技术，提升产业竞争力。只有技术革新才能活下去，只有技术创新才能活得好。因此，技术发展是迫切的内需，打造具有国际竞争力的制造业是我国提升综合国力、保障国家安全、建设世界强国的必由之路，而制造业的兴起和技术的革新，非常需要高层次的技术人才的支持。

《中国制造 2025》作为中国政府实施制造强国战略的第一个十年行动纲领应运而生，提出坚持"创新驱动、质量为先、绿色发展、结构优化、人才为本"的基本方针，坚持"市场主导、政府引导，立足当前、着眼长远，整体推进、重点突破，自主发展、开放合作"的基本原则，通过"三步走"实现制造强国的战略目标。围绕实现制造强国的战略目标，《中国制造 2025》明确了 9 项战略任务和重点，提出了 8 个方面的战略支撑和保障，而这些战略支撑和保障的顺利实施和推动需要大量的高层次人才予以保证。

高层次创新型人才能有效促进我国建设和技术改革的深入，为我国建设创新型强国提供人才保障和智力支持。建设创新型强国，需要进一步发挥高层次人才在提升自主创新能力、推进学科建设、带领团队和培养人才等方面的独特作用。

1.2.3　高层次创新型人才成为投资驱动向技术驱动升级的主力

2014 年 6 月 9 日，中国科学院第十七次院士大会、中国工程院第十二次院士大会在北京人民大会堂隆重开幕。中共中央总书记、国家主席、中央军委主席习近平出席会议并发表重要讲话。习近平指出："我国经济应从要素驱动、投资规模驱动发展为主向以创新驱动发展为主进行转变，而拥有一大批创新型青年人才，是国家创新活力之所在。"

高层次科技创新型人才队伍建设一直是国家关注的焦点，在科技迅速发展的当今世界，高层次科技创新型人才是提高国家综合竞争力的关键要素，成为科技发展由投资驱动向技术驱动升级的主力军。在科技创新活动中，有重大影响力的高层次科技创新型人才是推动我国科技创新和科技事业发展的重要力量，高层次科技创新型人才的培养和引进是实现我国科技突破产业转型并实现自主创新的关键。

1.3　现阶段我国对高层次创新型人才的引进需求

知识经济以高科技产业为主，而现代高科技产业的技术核心往往对其产业的发展起关键性作用。只有高层次创新型人才才能在日益尖端的专业化研究中快速取得突破性成果，推动高科技产业发展急需高层次创新型人才。为适应新形势的要求，从国外引进这类人才尤显重要。我国获得高层次创新型人才有两条途径：一是培养，二是引进。通过科教兴国，提高教育经费的投入，我国可以培养出自己的人才。但由于当今知识更新极快，培养人才又有时滞性，仅靠培养，我们很难解决当前高层次创新型人才紧缺的矛盾，而且很可能会在知识经济发展的初期进一步落后。因此，引进国外高层次人才就成为我国加速发展知识经济和适应国际科技发展形势要求的便捷之路。

现阶段我国急需三个方面的高层次创新型人才：

（1）掌握高技术的尖端高级科技人才。知识经济要求的高技术人才对高技术的发展起核心作用，从而对经济发展产生重大影响。这类人才当然对我国而言既是急需的也是短缺的。考虑到发展高科技需要资金及时间的积累才能有重大突破，同时考虑到资金的短缺及新技术发挥作用的时效性，我国在加速培养高技术人才的同时，更应该在许多高科技领域积极引进国外高层次人才。

（2）在新技术、新产业、新科学中发展起来的高层次人才。由于我国在众多新技术、新材料方面的发展较为落后，其相关的培养基础也较为薄弱，故我国目前新技术人才也十分短缺。

（3）能使中国企业适应世界经济一体化竞争的国际型管理人才。由于我国部分企业对国际市场的运作、风险不甚了解，不能全面地掌握国际市场的信息，不能对信息做出及时、正确的反应，缺乏适应国际经济发展要求的管理人才。

1.4 国内外人才引进相关政策

1.4.1 国外的人才引进政策

从发达国家的实践来看，其引进人才主要通过移民和国外留学生，对象主要包括各领域杰出人才、专业技术人才、企业家及留学生等。其中，技术移民作为解决本国技术人才不足的作法，是发达国家吸引人才的主要途径。

　　外国留学生越来越成为欧美等主要发达国家人才队伍的重要来源。2014年 12 月，美国政府宣布简化人才移民程序，方便科学、技术、工程和数学专业的优秀留学生获得绿卡。除了不断完善其移民制度，加大吸引国际留学生外，近年来西方国家越来越重视通过加强本国人才的培养、完善创新创业环境来稳固其国际人才竞争地位。进入 20 世纪 90 年代以来，美国进一步调整了政策，逐步增加技术移民，加快了攫取发展中国家人才的步伐。美国科学基金会的调查表明，在美国的高科技公司中，外国科学家和工程师占科技人员总数的 90%。在美国硅谷工作的高级科技人员中 33% 是外国人，从事高级的工程学研究的博士后 66% 是外国人。

　　2008 年欧洲研究理事会为了让更多的青年学子留在欧洲从事科研活动并迅速成长为具有独立研究能力、能够独当一面的领军人才，设立了"启动资助计划"。为吸引世界顶级研究人员，芬兰从 2005 年起开始实施"杰出教授计划"，为国际顶级科学家及移居海外的芬兰科学家提供具有国际竞争力的薪资和待遇，吸引他们在芬兰从事研究工作，帮助芬兰提升其在 22 个领域的研究实力。为进一步扩大人才吸引范围，从 2009 年起，芬兰还将通过"杰出教授计划"的一个衍生计划——"芬兰杰出教授伙伴计划"，以吸引刚刚步入科研职业生涯的青年才俊在芬兰从事博士后研究。欧盟"第七框架计划"下的"高级研究人员基金计划"的主要目的是吸引欧盟及国际上杰出的研究人员在欧盟从事研究活动。日本从 2007 年起开始实施"世界顶级研究基地形成促进计划"，其目的是集聚世界水平的一线科研人员，在提升日本基础科学竞争力的同时，培养本国的优秀研究人员。基于日本的做法，韩国政府从 2008 年开始实施"世界水平研究中心大学计划"，积极招聘海外顶尖学者与国内教授开展合作研究与教育活动；2009 年又推出了"世界水平研究机构计划"，从美国杜克大学、哈佛大学、圣地亚哥大学聘请了 3 位国际水平的科研人员分别在韩国的 3 家机构主持研究工作。

在新一轮信息科技革命背景下，西方国家已经改变了延揽国际人才的传统做法，顺应大数据技术的发展趋势，初步形成了政府引导、市场主导（职业化社交平台、国际猎头）、信息技术驱动的人才竞争模式，通过进一步控制人才数据权，进而控制国际人才的流向与流量，掌握国际人才竞争的主动权。

1.4.2 国内的人才引进政策

人才的激烈竞争已深刻地影响到了我国。我国人口众多，是世界人才大国，国民教育水平自改革开放以来有了极大提高。无论是历史还是现实都证明了人才是影响我们党和国家整体事业发展的核心要素。人才战略是国家为实现经济和社会发展目标，把人才作为一种战略资源，对人才培养、吸引和使用做出的重大的、宏观的、全局性构想与安排。人才战略是对未来的思考，着重研究人才对推动企业可持续发展、长远发展的作用。人才战略的核心是培养人、吸引人、使用人、发掘人。

在每个重要的历史结点，中央都会从国家重大发展战略的角度对引进人才和智力工作作出重要部署，以更加积极的态度主动参与激烈的国际人才竞争。党的十八大以来，面对国家总体发展形势的变化，中央对引进海外人才和智力工作提出了新的要求。

以习近平为领导核心的中国共产党人从马克思主义的立场、观点及方法出发，结合当前世界和中国的人才培养、发展基本要求，科学地分析了新形势下我国人才工作的现状、出现的新问题、现实的需求及人才发展的任务等，总结了改革开放以来人才工作的基本经验，而提出的人才战略、人才培养、人才管理等新的观点和思想，构成了具有内在逻辑联系的、完整的理论体系，反映了在新的历史条件下人才工作的新特性。习近平总书记从我们党所处的历史方位及肩负的历史使命出发，曾多次在会议上就人才工作发表过一系列重要讲话，包括对新形势下的人才工作提出了一系列新观点、新论断和新要求。习近平总书记的这一系列重要论述，体现了党中央对各级各类人才的关心和重视，突出了人才工作在全局中的突出战略地位，极大程度上丰富和发展了中国特色社会主义人才理论。

2014 年 5 月 22 日，习近平总书记强调，"要实行更加开放的人才政策，不唯地域引进人才，不求所有开发人才，不拘一格用好人才，在大力培养国内创新人才的同时，更加积极主动地引进国外人才，特别是高层次人才，热忱欢迎外国专家和优秀人才以各种方式参与中国现代化建设。……让各类人才各得其所，让各路高手大展其长"。

习近平人才观在国家改革发展进程中、在实现中华民族伟大复兴中国梦的进程中占据关键地位和决定性作用，提出了解决人才发展过程中存在的问题和矛盾的总体思路，有效推动了我国深化改革开放和社会主义现代化建设，有助于全面落实科教兴国战略和人才强国战略的进一步实施，为推进创新型国家建设、把我国从人力资源大国转变为人力资源强国打下理论基础。

为了加强高层次科技人才队伍建设，国家和地方政府先后出台一系列有关海外高层次人才引进政策和计划。《国家中长期人才发展规划纲要（2010—2020 年）》中提出，围绕提高自主创新能力、建设创新型国家，以高层次创新型科技人才为重点，努力造就一批世界水平的科学家、科技领军人才、工程师和高水平创新团队，注重培养一线创新人才和青年科技人才，建设宏大的创新型科技人才队伍。到 2020 年，研发人员总量达到 380 万人·年，高层次创新型科技人才总量达到 4 万人左右。

2018 年 11 月，国务院办公厅发布《关于聚焦企业关切进一步推动优化营商环境政策落实的通知》，进一步深化"放管服"结构性改革，优化营商环境，加快打造市场化、法制化、国际化营商环境，增强企业发展信心和竞争力，为高层次科技型人才的全面发力奠定良好的环境基础。

2019 年 1 月，科学技术部启动高端外国专家引进计划的申报工作，进一步鼓励和支持通过引进高层次外国专家和团队，提高教学、科研、管理水平，增强学科实力和国际影响力。

地方层面也先后出台了适合地方特色的人才政策。同时各地方政府也积极组织各种形式的活动或出台有关文件来吸收和引进海外人才，如广州市举办了"首届海外高层次人才引进科技创新成果交流会"，让高层次人才进入高校，与大学生进行交流沟通，旨在搭建一个"关键人才"与"未来人才"的对话平台，发挥高层次人才优势。

1.5　我国在人才引进上的优势和劣势

1.5.1　我国在人才引进上的优势

"美国的财富装在犹太人的口袋里，美国的智慧装在中国人的脑袋里。"

这句话形象地说明了海外华侨华人群体里蕴藏着十分丰富的人才资源和智力支持。海外华侨华人为我国提供了丰富的可供引进的高层次人才资源。

据不完全统计，现在全世界有海外华人 3000 余万人。海外华人遍布在世界 160 多个国家或地区。在美国现有华人学者约 10 万人，分布在美国 80 多所大学和各类科研机构，其中 3 万余人被公认为世界一流的科学家、工程师和教授，占全美一流科技人才的 25% 以上。在全美 800 多名高级科技专家中，华人占 55%。在全美各大学任教的 46479 名外国教授中，华人为 9110 名，约占总数的 20%。在全美著名大学的系主任中 1/3 是华人，美国机械工程学会中任分会主席的华人占一半以上，在美国太空研究中心等超级科研机构，华裔科技人员有上万人，阿波罗登月工程实验中华人高级科技人员达 1400 人，占总数的 1/3。在美国电脑研究中心的 19 个部中，有 12 个部主任以及 1000 多名研究员均是华人。❶ ❷

另外，在各个学科领域都不乏华人的杰出代表，包括 4 位诺贝尔奖获得者，涉及太空飞行、物理学、光学、电脑、超导等高科技产业。尤其是在物理学界的成就特别引人注目，被认为第二次世界大战以来已形成了美籍华人物理学家群体。据统计，从 1950 年至 1980 年，在美国社会获得物理学博士学位的中国学生就有 1732 人。另据 1984 年统计，美国的华人知识分子占华人人口总数的 26.4%。在美国如此多的领域、占如此高比例的华人知识界群体，成为国际间颇受注目的对象，甚至机密性极高的国防尖端科技领域，也成为华人发挥才能的场所。

❶ 永泰. 发达国家国际人才争夺日趋激烈 [J]. 国际人才交流，2003，24(001):45-45.
❷ 林勇. 国际人才竞争与我国海外华人高层次人才战略 [J]. 八桂侨刊，2003(04):22-24.

1.5.2　我国在人才引进上的劣势

我国是一个人口大国，人力资源潜力巨大，高层次人才的规模总量大致与美国、日本、俄罗斯及欧盟等相当。但多年来，由于我国企业传统的管理体制较为封闭，人才流动缺少开放性。同时，低水平重复建设和恶性竞争使企业自身的集约化水平低，资本力量普遍不足，在与国际跨国公司进行人才竞争时缺乏最起码的竞争条件，因此我国一直在国际人才竞争格局中处于劣势。

据 2000 年的一项统计，改革开放以来，我国向国外派遣的 30 余万留学人员，其中有 20 多万人仍在国外学习或工作，我国将有 42% 以上的正、副教授和 50% 以上的研究员和高级工程师面临退休，而全国 100 多万高级专门人才中，35 岁以下的专门人才也仅占 11%。在人才问题上，我国面临严峻的挑战。

随着我国经济的快速发展、人才制度和环境的改善及国家积极的人才引进政策的出台、引进人才力度的加大，我国在国际人才竞争中的地位发生了一些转变，但也存在着隐忧：一是人力资源难以适应科技进步和高新技术产业发展的需要；二是我们的人才出现了断层；三是人才流失严重，成为国家持续发展和提高竞争力的隐忧。

人才资源既是经济战略中不可或缺的资源，也是国家综合发展的核心竞争力。实践证明，一个国家和地区通过人才培养的方法获取人才，已远远不能满足其经济和社会的快速发展的需求，越来越多的国家和地区已将目光转向海外人才的引进。引进某一领域的高层次科技创新型人才有利于促进人才和知识的跨区域流动，缩小区域经济与科技发展差距，进而提升整个国家的科技创新水平。

为了提高国家和地区的竞争力，迫切需要引进相关领域的高层次科技创新型人才。同时，为了在相关领域中保持旺盛的生命力、增强竞争优势，也必须引进在该领域相应的高层次科技创新型人才。我国经济、科技快速发展对人才的需求与国内现有人才尤其是高层次科技创新型人才供应之间的不平衡，从根本上决定着我国要想实现伟大的中国梦，进行海外高层次人才引进已成为不可阻挡的趋势和潮流。

1.5.3　引进人才的价值和利用

人才引进的重点就是能够突破关键技术、发展高新技术产业、带动新兴学科的高层次科技创新型人才，同时通过引进人才与现有人才的合作与交流，促进被引进人才知识能力的消化和吸收，发挥引进人才的真正价值，实现人才引进工作的最终目的。有关人才引进的研究，尤其是海外高层次科技创新型人才的研究，已引起越来越多学者的重视和关注，成为众多学者研究的热点问题。

针对目前高层次科技创新型人才人才短缺的现状，各国都在积极实施适应自身产业结构发展的引才政策，我国也加入了这场竞争越发激烈的人才引进和利用的政策研究，但是仍处于起步阶段，相关人才政策和评议方法不够完善也不尽理想。为了弥补现有研究的不足和欠缺，对现有的模式和制度进行创新，迫切需要构建符合现代经济和社会发展需要的高层次科技创新型人才引进的评价体系。

第 2 章

人才价值理论与知识产权

人才，并非一般的人力资源，是指具有一定的专业知识或专门技能，进行创造性劳动，并对社会或国家做出贡献的人，是人力资源中能力和素质较高的劳动者。2003 年的《中共中央、国务院关于进一步加强人才工作的决定》更是在"人才"中注入了"在建设中国特色社会主义伟大事业中做出积极贡献，都是党和国家需要的人才"的政治内涵。

人才的内涵会随着人们对学识、才干和道德等看法的改变而改变，在新时代下，习近平提出人才思想应当契合当前中国经济社会发展历史阶段的新要求。改革开放以来，我国用几十年的时间走完了发达国家几百年走过的发展历程，经济总量跃居世界第二，制造业规模跃居世界第一，创造了世界发展的奇迹。然而，随着经济总量的不断增大，我国在发展中遇到了一系列新情况新问题。当前，我国经济进入了新常态，要彻底抛弃用旧的思维逻辑和方式方法再现高增长的想法，要坚持以提高发展质量和效益为核心，走内涵式发展道路，要由"工业大国"向"工业强国"转变，由"中国制造"向"中国智造"转变。习近平指出："发展是第一要务，人才是第一资源，创新是第一动力。中国如果不走创新驱动道路，新旧动能不能顺利转换，是不可能真正强大起来的，只能是大而不强。强起来靠创新，创新靠人才。"基于这一论述，当前我国科技创新型人才的培养和引进被提到了重要的高度。

2.1　人才价值理论

对先进技术的学习、领会和掌握，形成自己的知识技术积累乃至突破的过程，是一个质的飞跃过程，不是一蹴而就的，需要大量的科研经费投入、人才投入及政策的支持和引导。而对于人才的投入，单纯依靠现有的技术人才显然是无法实现快速突破的，科技人才的引进是一种较为便捷且有效的途径。而在人才的引进过程中又面临着如何进行人才的选择的问题，即进行何种产业、何种技术、何种能力人才的选择。人才创造的价值是不同的，这是人才价值理论得以发展的基础。

理解了人才的内涵让我们知道要选择什么样的人才，那如何来选择人才？这就是人才价值理论要解决的问题。以下从三个方面综述人才价值理论的研究进展。

2.1.1　关于"人才价值"概念的研究

当前关于人才价值概念的研究主要从哲学和政治经济学两个维度进行。以哲学价值理论为基础的"人才价值"的研究思路，主要是以"价值"具有价值主体的需要、价值客体的属性及两者价值的满足和被满足的关系为理论基础，进行人才价值的研究。叶忠海、钟祖荣认为，"人才的价值就是人才及其属性，在社会的创造实践活动中所形成的为满足社会、国家、集体、个人的发展需要的效果，人才价值不是人才客体的属性，而是人才客体属性对社会主体的作用（关系）"。许中石把人才价值概括为四个要素：

主体的需要（物质和精神）、客观形态（才能和智慧）、实现媒介（创造性劳动）、人才价值评价及其标准等。刘文晋、邵伏先对其进行了进一步的概括，认为人才在社会活动中，既是主体，又是客体。人才是社会活动主体中的优秀分子，有自身特定的需要；又是先进生产力的开拓者，必须不断满足社会发展和人类进步的需要。作为主客统一体的人才，在满足社会和他人需要的同时，也须满足自身的需要。因而，与一般的价值不同，人才的价值是指人才能够创造物质财富和精神财富，从而满足社会、国家、集体、个人发展的需要的有用属性。罗洪铁认为人才价值就是人才在社会活动实践中以自身的属性满足社会和他人的需要的关系中体现出来的。人才价值是人才资本实现的外在形式。人才素质越高，发挥出来的作用满足社会和其他人的需要的程度越高，他的价值就越大。当人才以自己的良好素质生产出财富满足社会需要之后，价值就得以实现。这种定性的研究，对于人才学基础理论的发展具有重要的意义，但是从人才资源管理和开发等方面来看，需要进行定量的研究。

以政治经济学的价值和使用价值理论为基础进行人才价值的研究，可以有效地揭示出人才价值产生的渊源和人才价值量的大小，对于当今人才流动和开发具有重要的意义。卢昌健从人才价值产生的角度进行了研究，认为劳动创造了人才及其价值，劳动的二重性产生人才价值的二重性，人才价值不同于一般商品的价值，表现在实现的途径不同，人才价值不是等价交换，人才价值在使用中不断增长。人才具有超前性功能、扩散性功能和激发性功能；人才的特殊作用表现在社会新生产力的开拓者，是精神文明的倡导者和建设者、是社会发展的推动者。吴乃欣认为人才的价值主要体现在使用价值中，即人才能为社会创造财富的属性。人才价值的多少与其才能的大小是密切相关的，一般地说才能升值人才必增价。桂昭明认为人才的价值主要取决于人才资本使用价值中的价值增值。人才的价值主要决定于人才资本使用价值中的价值增值（即创新价值），源于人才资本结构中的创新资本。人才价值主要体现在通过人才创造性劳动成果和对人类的较大贡献表现出来的"创新资本"，创造性劳动成果——重大科技成果、发明创造、技术革新等价值，不仅仅远远超过人才自身因教育、卫生等投资而形成的显性资本，在社会效益上是无法估量的。徐颂陶认为人才价值的形成过程首先是资源积聚，通过投资教育培训、实践学习等，凝聚知识、技能、技术和智慧，把人力变为人力资源、人才资源。人才资源的凝聚有一个积累——开发——再积累——再开发的长期过程。其次是资本转化，人才资源只有转化为资本、转化为具体生产力，才能创造价值、创造社会财富。最后是价值创造，从资本转化到价值创造，需要通过合理配置的环节来完成。人才资源的开发、转化、创造价值的过程，一般情况下都是通过市场进行的。

2.1.2　关于人才价值结构理论的研究

从人才满足对象方面来看，人才的价值是主体价值和客体价值的统一。叶忠海认为人才价值是社会价值和自我价值的统一。"社会价值是人才个体对社会需要的满足"；"人才的自我价值，就是人才个体对自己需要的满足，是人才个体的社会价值在他自己身上的显现或表现"，认为人才的自我价值本质上也是一种社会价值。马俊峰从工具性价值与目的性价值的角度对人才主客体之间的关系进行了探讨，认为人才价值是社会价值与自我价值的统一，相对于国家富强，人才价值是工具，那么相对于人才自身的发展，人才价值是目的；既体现在为单位、社会和国家创造的价值上，也体现在人才自身的才能兴趣个性及生命体验、生活体验的满足上。

从人才价值自身具有的多重属性方面看，人才价值的结构具有多层次性。李小平认为，人才社会需求主体的多样性及其需求主体对人才需求的多样性，决定了人才价值的形式的多样性。从人才价值的发现与发掘过程看，人才价值可划分为潜在价值、期望价值和实现价值；从人才资源的市场开发与配置过程看，人才价值可划分为开发价值、使用价值和绩效价值；从人才对主体需要满足的形式看，人才价值可以划分为物质价值、精神价值和作为两者统一的综合价值；从人才价值的显现与实现的形态看，人才价值可以表现为潜隐形式、即现形式和预期形式；从人才作为生产力要素的组合方式来，人才价值可以分为个体人才价值、群体人才价值和社会人才价值；从人才价值关系中具有主客体两重性的角度看，人才价值可划分为社会价值和自我价值等。

从人才价值发展和实现的动态角度看，人才价值的结构具有多形态性。赵永乐认为，人才价值是一个完整的体系，包括人才的生产价值、人才的流通价值和人才的劳动消费价值。人才的生产价值就是人才生产投资所形成的成本；人才的流通价值是在人才在市场配置中成为现实生产力的过程中形成的；人才的劳动消费价值就是其成为组织成员后在组织内的价值。张海龙、王占礼从人才价值形成的阶段进行了结构的探索，认为人才价值可大致分为人才价值设计、人才价值培养、人才价值转化与人才价值的实现四个过程。人才价值设计过程包括人才价值培养目标、人才培养方案设计、人才培养计划制订和教学内容与课程体系设置等几个方面。人才价值培养过程包括人才价值培养的教与学过程、人才价值培养的监督与反馈、人才价值培养的质量控制、人才价值培养的条件保障、人才价值培养的服务保障等几方面。

2.1.3　关于人才价值实现理论的研究

关于人才价值实现的本质的研究。郭桂英认为，人才价值通俗地讲就是人的才能和智慧满足自我发展和社会发展需要的程度，是人才内在价值与外在价值的统一，可表达为社会存在价值与社会使用价值的总和。人才价值的实现主要探讨人才社会使用价值的实现方式和社会存在价值的实现方式及其彼此的联系；人才社会使用价值的实现有市场和国家两种途径；无私奉献与社会交换是人才存在价值的实现方式。王勇从政治经济学的角度研究了人才的价值实现的本质，认为人才价值应该是人才的使用价值和人才的"生产价值"的统一体。人才使用价值的实现是人才生产价值实现的基础，人才只有满足了特定群体或个体的需要，才能真正实现其生产价值；人才的生产价值的实现是人才使用价值实现的保证和动力。人才使用价值和生产价值的实现是相互依赖的。

关于人才价值实现的内在机制的研究。赵永乐、张新岭认为影响人才资本价值实现的决定性因素归根结底可以归结为绩效和管理两个方面。绩效的内容、形式和大小反映了人才资本消费和实现的程度，作为绩效回报的薪酬决定了人才资本在什么状态下完成再生产。管理途径主要是指设计合理的组织结构和实行有效的岗位管理，它们是客观上人才资本价值实现的条件，决定了人才资本可能实现的程度。赵永乐还认为组织内人才价值实现的运行机制就是绩效机制、薪酬机制和人才发展机制三大机制组成的机制体系。人才价值实现的这三大机制都不是孤立存在、独立运行的。一方面它们有赖于组织内人才市场内部三大机制——供求机制、价格机制和竞争机制的共同运作；另一方面也有赖于绩效机制、薪酬机制和人才发展机制之间形成一个机制体系，互为依存，共同发挥作用。所以，在考虑人才价值实现运作机制时，要对这些机制系统思考，既要放在整个组织内人才市场关系体系之中，又要对人才价值实现的机制综合运作，配套使用。只有这样，才能使这些机制有效运转，发挥出应有的功能和作用。

一些学者研究了人才价值实现的具体途径。一是认为人才市场在人才价值的实现中居于重要地位。王勇认为人才市场结构的优化是实现人才价值的外在必备条件之一。赵永乐认为人才价值的货币表现形式是人才劳动力的价格，也就是人才劳动者的薪酬，它是人才市场运行的重要经济杠杆。人才劳动力价格的确定，以人才价值为基础，并受人才市场的供求关系的影响和调节。二是认为人才流动是人才价值实现的重要途径之一。林建华认为人才价值的实现要遵循比较优势的内在逻辑，通过人才专门化、人才交易、降低交易费用，促进人才流动，为人才的成长与使用提供尽可能大的市场。张伟东认为实现人才科学、合理、高效的流动，须坚持市场配置与宏观调控相结合的原则，"柔性流动"与"刚性流动"相结合的原则，利益驱动与教育引导相结合的原则，构建和完善人才使用机制、引进机制、流动机制，从而为人才价值的最终实现营造良好的外部环境。三是教育和管理是人才价值实现的重要途径。杨天平认为教育在优化劳动者素质、改变劳动力形态、提高人才价值等方面发挥了重要作用。教育通过培养全面发展的人和对人才资源的深层次开发及建设学习型社会，来提高人才资源的质量，从而促进人才资源及其价值能够得到有效开发。房忠贤阐述了政策制度在人才价值实现中所起的导向作用、激励作用、约束作用和调控作用，强调人才价值实现应坚持自我价值与社会价值的统一、个体价值与群体价值的统一、物质价值与精神价值的统一。

人才价值理论研究的意义在于通过建立在人才价值评估基础之上的人才流转和资本化，调整人才资本的结构，明确人才资本的产权，进而促进宏观的人才资源结构的调整，促进人才价值的实现，对实际工作中制定科学的人才引进机制具有指导意义。

然而，通过对人才价值理论的梳理，我们也注意到，对于人才价值的实现研究很多，但是理论观点庞杂，具体可操作性不强；关于评估理论研究较少，已有的研究多是基础的理论，如概念、意义等研究，真正可供操作的模型建构较少。这是学界研究值得关注的问题。

2.2 "科技创新型人才"的概念

科技创新型人才，主要从事应用研究和技术开发，其内涵是指在科学技术领域长期从事科技创新活动，具备较强创新能力并获得创新成果，能够为科技发展和社会进步做出突出贡献的人才。

科技创新型人才是 21 世纪最重要的战略资源。摩尔定律在当今世界一直发挥着重要作用，新技术革命迅猛发展，人类已进入知识经济时代，知识成为社会的推动力发展、竞争力提升和经济增长的关键性因素；研发的顺利开展，流程的有效改进，资本运营的保值增值，社会经济文化的稳步发展，无一不通过创新性的思想及其智力因素来实现。在任何时代，总体而言，人才都是资本，而不仅仅是"财富"。在知识经济时代，人才更是经济和社会的核心和关键。资本闲置不用就要贬值，因此，必须重视人才资本尤其是创新型人才资本的开发与利用，在开发使用中达到增值。现在，企业、高校、科研机构争夺创新型科技人才越来越激烈，培养和开发创新型科技人才已经成为各国的最重要的战略举措。

如表 2.1 所示，国内学术界关于科技创新型人才的分类通常包括以下几种。

表 2.1　国内学术界关于科技创新型人才的分类

序号	学者	分类
1	赵伟（2012）	基础研究人才、工程技术人才、创新创业人才
2	萧鸣政（2012）	基础研究人才、应用研究和技术开发人才、哲学社会科学人才
3	彭云等（2013）	团队领导型人才、弥补型人才、知识创新型人才
4	王贝贝（2013）	基础研究人才、应用研究人才、技术开发人才
5	时玉宝（2014）	原始创新型人才、集成创新型人才、引进消化吸收再创新型人才
6	王怿（2016）	基础和前沿技术研究人才、应用研究人才、成果转化人才
7	王立朴（2017）	基础理论研究人才、应用研究人才、技术研发人才
8	李良成等（2018）	基础研究人才、工程技术人才、创新创业人才

对科技创新型人才进行分类的意义在于，即使是在相同的研究领域，人才具体从事的工作也存在细分，在引进科技创新型人才过程中，不应片面将论文、专利、项目、经费数量等与科技人才评价直接挂钩，要着重评价其技

术创新与集成能力、取得自主知识产权和重大技术突破、成果转化、对产业发展的实际贡献及人才细分类型等。

2.3 科技创新型人才评价

当前，我国对科技创新型人才评价仍存在一定误区，过于功利，不利于激活人才创新；人才评价中过于看重理论化创新成果，疏于评价创新成果转化的贡献；过于追求创新成果的数量，疏于创新的实质内容。而合理科学的评价体系才能够有效地激发科技创新型人才创新动力。

2016 年 11 月，中共中央办公厅、国务院办公厅为加快实施创新驱动发展战略，激发科研人员创新创业的积极性，印发《关于实行以增加知识价值为导向分类政策的若干意见》，要求客观公正地评价科技人才创造的科学价值、经济价值和社会价值，构建体现增加知识价值的收入分配机制，使科研人员创造的科学价值、经济价值、社会价值得到合理回报，从中不难看出，科技创新型人才创造的知识价值是有所区别的也应当对其进行合理区别。同时，中共中央办公厅、国务院办公厅为建立准确的用人导向、激励人才职业发展、调动人才创新创业的积极性，于 2018 年 2 月印发《关于分类推进人才评价机制改革的指导意见》，指出"以科学分类为基础，以激发人才创新创业活力为目的，加快形成导向明确、精准科学、规范有序、竞争择优的科学化、社会化、市场化人才评价机制，建立与中国特色社会主义制度相适应的人才评价制度"；同时提出"坚持科学公正，遵循人才成长规律，突出品德、能力和业绩评价导向，分类建立体现不同职业、不同岗位、不同层次人才特点的评价机制，科学客观公正评价人才，让各类人才价值得到充分尊重和体现"。因此，聚焦于科技人才，构建一套以知识价值为导向的科技创新型人才评价体系对促进我国科技发展、推动实施人才强国战略具有重大意义。

然而，科技创新型人才的评价是一项世界性的难题，不同的技术层次、产业所属、企业管理、社会背景，就有不同的人才评议机制，我们不可能全部照搬，也无法简单整合。随着市场对人才资源配置呈现出基础性、决定性的作用，随着经济全球化带来的人才流动全球化、人才竞争全球化，人才已上升为重要的战略资源之一，如何对引进的科技创新型人才进行评价，使其有利于技术创新突破和产业区域发展，成为其中的至关重要的环节。但与此同时，我国人才的评价机制并不够完善，特别是科技创新型人才的评价工作仍较为滞后，如何建立科学的人才评价机制的问题亟待解决。

2.3.1 国内外科技创新型人才评价机制相关研究

改革开放以来，我国对科技创新人才日益重视，更是强调"科学技术是第一生产力"，提出"科教兴国"战略，科技人才政策日趋完善，创新型人才市场不断健全。我国的专家及学者在学习借鉴西方的评议理论及技术的同时，结合我国的经济形势、产业发展及人才的不同需求制定了诸多体现创新人才知识价值的人才评议机制。

丁月华指出，创新意识和钻研精神是评价创新型人才最重要的指标，文化素养、想象能力、创新思维、进取意识、兴趣爱好是评价创新型人才比较重要的指标，只有紧紧围绕上述指标构建评价体系，才能真正体现和维护科学原创精神。其利用层次分析法，选出知识、创新才能、创新品质三项准则，共涵盖文化素养、专业知识、工作经验、观察能力、判断能力、记忆能力等19项指标作为创新型人才评价指标，通过计算各项指标权重获得合成权重向量。通过分析，主要得出以下研究结论：①从准则层来看，创新品质是评价创新型人才最重要的指标，依次是创新才能和知识；②从指标层来看，创新意识、钻研精神的权重最高，说明这些指标是评价创新型人才最重要的指标，文化素养、想象能力、创新思维、进取意识、兴趣爱好的权重次之，说明它们是比较重要的指标；③其他指标的权重较低，但也是评价创新型人才不可缺少的指标。

张晓娟在对产业导向的科技人才内涵及特性分析的基础上，构建了产业导向的科技人才三级评价指标体系，主要包括道德素质、智能素质、学术水平及绩效水平，从创新型人才的特性角度提出了诸多评价建议，指出要实现产业导向的科技人才有效开发，必须在指导思想上坚持以人才市场为动力，以支柱产业和重点产业为中心，建立有利于科技人才选拔和利用的新机制，将技术推广应用、业务水平、科学研究及实践能力作为评价科技人才的重要指标，为产业发展及经济建设提供强有力的人才保障。

刘扬等认为在创新型人才评价机制中存在三个深层次问题，即人才所属学科的粗粒度划分、量化评价体系被滥用、评价过程中的非学术因素，并按照综合评价、同行评议、量化可比、反馈监督的原则，构建了"三位一体"的综合评价指标体系。

赵伟等在对科技人才进行科学分类的基础上，分析了基础研究与应用基础研究、技术开发与应用、创新创业等不同类型创新型科技人才的特征。基于依托胜任力模型理论与个体创新行为理论提出创新型科技人才评价冰山模型，采用自上而下和自下而上相结合的方法，对创新知识、创新技能、影响力、创新能力、创新动力和管理能力等一级指标框架下的细化指标进行聚类和筛选，形成了不同类型创新型科技人才评价指标体系。

李瑞等运用因子分析法构建了包括 6 个一级指标、16 个二级指标、47 个三级指标的工程技术类高层次创新型科技人才评价指标体系，但现有研究仍存在诸多不足：一是分类评价标准"一刀切"，致使评价体系缺乏针对性；二是评价指标的提出多是通过文献调研而来，没有经过反复验证，致使评价体系缺乏科学性；三是评价指标体系的各项指标赋权不明晰，致使评价体系缺乏可操作性。

李乐泉将熵权与改进 TOPSIS 综合评价的优势结合起来，对种业科技创新人才团队进行综合评价；运用熵权法计算种业科技创新人才分层评价指标权重值，得到各分层指标在评价指标体系中的相对重要程度。然后利用基于改进 TOPSIS 的评价方法，结合评价指标权重得到种业科技创新人才团队在该指标分层下的相对排名，对相对排名结果进行分层处理，进一步得到种业科技创新人才团队在分层指标下的最终相对排名，以此构建了种业科技创新人才团队分层评价模型，并对改进方法及分层评价方法运用实例进行了验证分析。

杨月坤基于胜任力理论，结合德尔菲法和层次分析法构建了包含 4 个一级指标（知识结构、创新人格、创新能力、创新业绩）、13 个二级指标的物流企业创新型科技人才评价指标体系，将定量与定性的方法结合起来，发现在物流企业创新型科技人才评价时，知识结构、知识创新、挑战精神、创新思维和创新效果五个指标所在的权重较大，可作为评价的关键指标。

上述创新型人才评价方法虽只是冰山一角，但根据前述相关研究可以发现，创新型人才评价指标的选取主要有以下几种方式：一是总结和归纳已有文献中的创新型人才评价指标，互相借鉴，筛选出一级指标再分解细化出二级指标甚至三级指标；二是通过对创新型人才的内涵理论进行分析，结合相关理论，如胜任力模型引申出相关的评价指标；三是通过调查访问、专家分析后确定评价指标。但是，这三种方式确定的指标存在片面性和局限性，指标来源、细分原则均较为模糊，具备主观性且缺乏实证检验，评价结果最终会导致公正性的缺失。

总体说来，创新型人才的评价就是依据一定的标准和手段对人才的综合价值进行判断，一般通过对创新型人才的价值体现分析，设计一个评价指标体系的框架，再根据实际的应用过程逐步完善评议的指标；设计评价指标时具体应用要具体分析，筛选指标应有所侧重，力求科技创新型人才价值评议的准确性。

2.3.2 知识产权参与人才评议的驱动力

2.3.2.1 知识产权评议在科技经济活动中的重要性

近年来贸易争端加剧，企业的高危知识产权风险，诸如研发活动中的风险、新产品上市风险、海外出口风险、技术引进风险、人才引进和流动的风险、企业 IPO 上市风险等日益凸显。以科创板专利第一案为例：光峰科技于 2019 年 7 月 22 日在科创板正式上市，成为科创板深圳第一股；2019 年 7 月 29 日，台达电子起诉上市公司深圳光峰科技三件专利侵权，涉案金额合计 4843.6029 万元，光峰科技 3000 万元存款因此被冻结；光峰科技后续发起一系列有针对性的反击，于 7 月 29 日当日针对台达电子起诉其涉嫌侵犯的三件涉案专利权向国家知识产权局提出无效宣告请求，暂缓涉案专利侵权诉讼，且向深圳市中级人民法院提起 10 起专利侵权诉讼，反诉台达电子专利侵权。此事件向外界传达出，知识产权评议在经济活动中的作用越来越凸显，企业对于知识产权风险预判的重要性不言而喻。

我国在 2008 年就已经制定《国家知识产权战略纲要》，明确指出要强化知识产权在经济、文化和社会政策中的导向作用，建立重大科技项目的知识产权工作机制，以知识产权的获取和保护为重点开展全程跟踪服务。《国务院关于新形势下加快知识产权强国建设的若干意见》明确要建立重大经济活动知识产权评议制度，围绕国家重大产业规划、高技术领域重大投资项目等开展知识产权评议。《"十三五"国家知识产权保护和运用规划重点任务分工方案》明确要围绕国家重大产业规划、政府重大投资项目等开展知识产权评议，积极探索重大科技经济活动知识产权评议试点。一系列的政策与措施，为在科技经济活动中开展知识产权评议指明了方向。

2.3.2.2 新形势下人才引进工作对知识产权评议的需求

随着人才强国战略的全面推进，特别是 2008 年 12 月，中央决定实施引进海外高层次人才的"千人计划"之后，从国家到地方制定了不同层次人才引进政策。最初的人才引进工作主要考察人才的论文水平，承担的项目和取得的成就等指标，但评价维度并不能满足实际需求。同时，人才引进中还存在诸多知识产权风险，尤其是在芯片、新型显示等重点创新产业，在引进海外技术人才方面，同业跳槽已经上升到出动国家手段制约的程度。例如，2018 年 9 月 7 日，韩国大邱地方法院判定，禁止 LG Display 前员工 A 跳槽至中国企业。事实上，除了 LG Display 之外，三星等企业也在寻求法律支持防止人才和敏感技术的外流。这无疑进一步增加了中国企业在人才引进中的知识产权风险。

对国内环境而言，技术人才跳槽引起的知识产权风险也呈收紧趋势。以当前的人工智能产业为例，各地的人工智能政策，会导致同质化严重的科研路径和成果，因为人员流动带走技术成果的情况将会成为突出而且无法回避的问题。对此，《中华人民共和国反不正当竞争法》及时作出了修订，并于2019 年 4 月 23 日起实施，修订内容主要集中于商业秘密的保护，通过对于涉及商业秘密的定义、侵害商业秘密的具体行为、承担侵权责任的主体、侵犯商业秘密行为的法律责任及举证责任的分配等多个方面进行修订，适当扩大了商业秘密的保护范围，强化了商业秘密的保护力度，也在一定程度上减轻了权利人的举证困难。此次修订将极大提高各企业通过技术人才引进带来的知识产权侵权成本，对企业在人才引进知识产权风险防控提出了更高的要求。

在国家战略层面，新形势下对人才引进、规划也提出了新的要求。"十三五"规划提出要提高发展质量，《中国制造 2025》明确了以加快新一代信息技术与制造业深度融合为主线，以推进智能制造为主攻方向的制造业转型升级发展计划。以创新为驱动，以人才为本。要推动新一代信息技术产业、高档数控机床和机器人、航空航天装备、海洋工程装备及高技术船舶、先进轨道交通装备、节能与新能源汽车、电力装备、农机装备、新材料、生物医药及高性能医疗器械十个重点领域的发展，急需相关领域的高端人才。为深入实施《中国制造 2025》，按照国家制造强国建设领导小组的统一部署，教育部、人力资源和社会保障部、工业和信息化部等部门共同编制了《制造业人才发展规划指南》。按照规划指南要求，深化人才体制机制改革，以多种方式吸引和培养人工智能高端人才和创新创业人才，支持一批领军人才和青年拔尖人才成长；依托重大工程项目，鼓励校企合作，支持高等学校加强人工智能相关学科专业建设，引导职业学校培养产业发展急需的技能型人才；鼓励领先企业、行业服务机构等培养高水平的人工智能人才队伍，面向重点行业提供行业解决方案，推广行业最佳应用实践。而我国的人才引进机制尚不完善，尤其是对创新型人才缺乏一个科学有效的评价机制。

自 2008 年《国家知识产权战略纲要》颁布后，全社会的知识产权意识大幅度提升，人才引进政策中开始关注一些简单的知识产权要素，如引进人才的专利基本情况、技术的国际水平，产品的产业化程度等。2016 年，中共中央办公厅、国务院办公厅印发了《关于深化人才发展体制机制改革的意见》，明确提出了要强化人才创新创业激励机制，加强创新成果的知识产权保护。要建立人才引进使用中的知识产权鉴定机制，防控知识产权风险。2018 年，中共中央办公厅、国务院办公厅印发了《关于分类推进人才评价机制改革的指导意见》，明确提出要加快推进重点领域人才评价改革，对于主要从事应用研究和技术开发的人才，着重评价其技术创新与集成能力、取得自主知识产权和重大技术突破、成果转化、对产业发展的实际贡献等。要改变片面地将论文、专利、项目、经费数量等与科技人才评价直接挂钩的做法。至此，知识产权已经成为人才评价特别是科技创新型人才评价的一个重要指标。

2.4 人才引进知识产权评议理论及现状

2.4.1 人才引进知识产权评议基本理论

专利文献包含了世界上 95% 的研发成果，人才引进知识产权评议包括人的评价和人所附有的技术的评价，人的评价属于定性的评价，包括工作经历、人才层次、人才效能和人才流动，技术的评价包括权利稳定性，技术先进性和风险评估预警。

人才引进知识产权评议的目标是通过人才引进前的挖掘、人才引进中的评议和人才引进后的管理实现进人才引进全链条服务。

根据国家知识产权局发布的《知识产权分析评议工作指南》，知识产权分析评议是指综合运用情报分析手段，对经济科技活动所涉及的知识产权，尤其是与技术相关的专利等知识产权的竞争态势进行综合分析，对活动中的知识产权风险、知识产权资产的品质价值及处置方式的合理性、技术创新的可行性等进行评估、评价、核查与论证，根据问题提出对策建议，为政府和企事业单位开展经济科技活动提供咨询参考。

结合知识产权评议的定义及人才引进知识产权评议的目标，笔者认为，人才引进知识产权分析评议是指综合运用情报分析和挖掘手段，有针对性地对区域重点产业规划、重大投资项目、重大科技项目等重大经济活动的引进人才进行全链条的知识产权评议；对人才引进前的知识产权价值进行挖掘和核查，对人才引进中的知识产权风险进行评估和排查，对人才引进后的知识产权管理进行规范，根据问题提出对策建议，为政府部门开展重大经济科技活动的人才引进提供咨询和参考。

2.4.2　国内外人才引进知识产权评议现状

2.4.2.1　人才引进知识产权评议的国外研究

国外将知识产权评议称作知识产权尽职调查。虽然其在程序上与我国的重大经济活动知识产权评议有很大的区别，但是其尽职调查内容却十分值得我国借鉴。目前，国外尽职调查研究已经从调查范围上达成高度共识：①特定知识产权的所有权或对其实际控制程度；②预期进行交易的知识产权的价值和独占使用范围；③潜在的责任风险。在其调查程序上，也形成了如下模式：首先，召集专业的知识产权尽职调查团队；其次，与委托公司交流并获取调查数据；再次，制订详尽的知识产权尽职调查计划，执行知识产权尽职调查计划；最后，形成知识产权尽职调查报告。但在其调查内容上还是有不同的区别：如 PIPERS 公司强调调查内容应该包含版权、知识产权抵押、改良专利、确保知识产权的可买卖性等情形；而另一权威机构则认为要注重权利保护和各地知识产权法律政策的尽职调查，授权或者合作终止后的相关沟通，强调双方协议是尽职调查的体现和目的。发达国家对其政府投资项目一般从技术的角度进行评议，包括技术的创新型程度、技术生命周期和风险、技术与市场的贴合程度等。

从知识产权评议角度，西方发达国家对知识产权评估尚未颁布专门的法律法规。美国国会对促进知识产权的产业化、商业化有较多的立法尝试，但是对于知识产权的价值评估也未颁布法规。在法律、商业实践中，国外的知识产权评估主要有两种：第一种是当事人针对特定的法律、商业项目进行的博弈性知识产权价值评估。在这种评估中，当事人各方都会对知识产权的价值出具评估报告，通过谈判、争论，共同确定知识产权的价值。这种评估主要依靠对技术的检索、分析、评估报告，工作团队主要来自企业内部熟悉相关技术和市场的资深人士，专业评估机构主要提供辅助性的检索、分析、流程控制、模式设计等服务。第二种是专业评估机构为政府、银行、证券公司、基金会等提供的参考性知识产权价值评估，这种评估的报告主要用于抵押贷款、税收减免、捐助等特定的项目，工作团队主要来自专业评估机构，其评估报告倾向于压低知识产权的价值，帮助报告获取方获得有力的谈判地位，如美国某些著名的专利价值评估公司聘用的高级专利分析师甚至没有任何理工科技术背景。在某些重要的商业项目中，这类公司出具的一些技术分析报告的核心结论已经被证明是完全错误的。尽管如此，由于特定需求的日益增长，第二类评估尚有较大的发展空间。

总体上看，包括新设公司知识产权出资、公司并购、侵权赔偿、许可贸易等大部分知识产权评估在内，发达国家（尤其美国）的评估工作主要依靠利益相关人的谈判与争论，其评估手段也五花八门。西方尚未形成统一的评估规范、模式、方法、流程的趋势。相反，这恰恰是我国的趋势。

2.4.2.2　人才引进知识产权评议的国内研究

为积极推动知识产权评议工作，国家知识产权局先后印发《重大经济科技活动知识产权评议试点工作管理暂行办法》《关于加快提升知识产权服务机构分析评议能力的指导意见》《知识产权分析评议工作指南》《重大经济科技活动知识产权评议工作操作指南》等系列政策文件。其中《重大经济科技活动知识产权评议试点工作管理暂行办法》明确指出试点工作要重点围绕重大投资、重点科技研发、技术引进或者产业化、人才引进、企业上市审查、技术标准制定、展览展示活动及企业并购等重大经济科技活动开展。《知识产权分析评议工作指南》也明确指出知识产权分析评议的内容包括了技术创新人才的引进、科技创业人才的引进等。可以说这些文件的出台，将知识产权的指标纳入了人才引进特别是科技创新人才引进的评价指标体系中。

当前，知识产权评议已经在国家层面的高端人才引进中得到应用，为对入选"千人计划"人员申报的知识产权情况的真实性、有效性、技术领域等进行评估，主管部门委托相关机构对第十三批国家"千人计划"创业人才47 名拟入选人员申报的知识产权信息进行了分析评议，对其知识产权总体情况、知识产权分布情况、知识产权权利状态进行评议。

另外，广东、安徽等地方政府也都在人才引进特别是高端创新人才引进过程中运用了知识产权评议机制。广东省"珠江人才计划"中实施了引进创新创业团队知识产权评议；安徽省自 2016 年开始实施《安徽省专利条例》，该条例要求，"县级以上人民政府应当逐步建立重大经济活动的专利审议制度，避免专利技术的盲目引进、重复研发和流失或者侵犯专利权"。安徽省知识产权局在连续多年的工作推进和带动下，知识产权评议工作影响面逐年扩大，先后为省内一批知名企业实施项目评议，在全省高端人才引进评议工作中取得突破，连续两年为安徽省委组织部开展的"创新创业人才特殊支持计划"的人才选拔工作开展知识产权评议，为安徽省科技厅"2015 年推荐我省高层次科技人才团队"引进工作开展评议，共审查申报材料 300 余份，专利 1500 余件，查证论文 354 篇，为人才引进工作后期的专家评选和论证环节提供了有力的支撑。

在 2018 年全国"两会"上，全国政协常委、天津市知识产权局局长齐成喜针对天津市近几年引入高端人才工作中存在的问题，诸如贯穿人才引进前后的综合知识产权评议和服务机制目前尚未建立，存在一定的人才引进风险，缺乏对引进人才知识产权的指导、考核和监管机制等，提交了一份《关于加强对国外高端人才引进过程中知识产权评议的建议》的提案，建议建立高端人才知识产权跟踪机制，推进高端人才知识产权评议制度。在现有人才评价制度的基础上，将知识产权维度作为基础评价指标，分析人才整体的科技创新水平，全面分析人才所掌握的技术存在的知识产权风险，并针对引进人才事后进行知识产权跟踪和反馈。

上海市知识产权局会同上海科学技术情报研究所、中国科学院上海科技查新咨询中心、上海航天信息研究所、上海市知识产权服务行业协会等 8 家单位研究起草了《知识产权评议技术导则》，该标准明确了知识产权评议方案设计、评议对象解析、信息检索、数据整理、侵权风险诊断、创新启示分析、专利价值评估、对策建议及论述、报告编制、成果归档及提交等相关内容、方法及要求；通过侵权风险防控、获取创新启示、专利价值评估等三种评议类别，对多种应用场景中的知识产权评议技术标准进行了规范。该标准经上海市市场监督管理局批准发布，于 2019 年 10 月 1 日实施。

自 2016 年以来，笔者所在课题组以湖北省重大经济活动人才知识产权评议为契机，持续地开展人才引进和招商引智等重大经济科技活动的知识产权评议理论研究和实践探索，打造了一支专业团队，积累了一定的理论成果和实践经验。

2016 年国家知识产权局专利局专利审查协作湖北中心开展了武汉市某人

才引进项目创新实力（专利）评估工作，针对 47 名武汉市城市合伙人候选人开展创新实力评估，创建一套多指标的人才引进知识产权评价体系，建立了一套开放式的评价模型，形成了对人才引进价值的量化评判标准，并能根据引进需求凸显评价指标价值，以满足不同人才引进评议项目的需求。

2016—2019 年连续四年开展了武汉市某高新区人才引进知识产权评议工作，累计完成超过 2000 名高层次创新人才和创业人才开展知识产权评议，形成了一套人才信息核实的标准化流程及人才档案和引进风险评价范本。

2017 年参与国家知识产权局"2017 年知识产权分析评议示范工程"建设，其中"人才引进知识产权评议工程示范项目"荣获"优秀 +"，该项目针对"精准猎才"和"甄别选才"两种人才引进场景提出了人才引进知识产权评议五步法。该研究成果在第九届中国专利年会的"知识产权分析评议助力产业国际化发展"分论坛进行了精品案例分享。

2.4.2.3 人才引进知识产权评议实践的现实问题

就当前我国人才引进政策实践情况来看，还未形成完善的知识产权人才评议机制，主要存在以下几方面的问题。

一是知识产权人才评议引用的范围还不够广，层次尚浅。各省级、市级人才主管单位对于人才需求、知识产权评议及科技发展之间的关系尚未形成统一的认识。虽然少数省市作出了尝试，但推广的普及面还不够，适用性有待进一步提升。目前人才评价主要依据本人提供的各类证明材料，如个人简历、受教育情况、家庭情况、联系方式、学历证书、学位证书、身份证，个人的研究能力一般在申报材料中体现，部分省市增加了对个人知识产权情况的核查，但其所列举的知识产权相关情况因为权利状态随时可能变化，也需要完整真实的验证过程。而且，真实性的核查并不能保证引进主体的引入质量，对于拟引进人才的知识产权的技术、法律、市场等指标也需要进行判断，这也是现有评价机制中缺乏的部分。

二是知识产权评议在人才引进中的应用还处在探索阶段，贯穿人才引进前后的知识产权评议管理和服务机制尚未建立。国家层面暂未形成对人才引进知识产权评议具有指导意义的政策性文件和工作指南，同时对于引进人才知识产权的评价内容也没有统一的规范。在人才引进过程中，各级人才主管单位缺乏利用知识产权情报信息搜集和分析人才（团队）的技术能力、引进风险等意识，尚未建立科学的管理和服务机制，人才主管单位、第三方服务机构及引进主体间的责任义务均未得到明确认定，管理流程、管理规范、实施方案、工作指南等还在尝试建立中。考量高端人才、拟引进人才的技术专长等工作中，还没有很好地利用知识产权信息数据进行分析。特别是在人才引进中，对人才的评估体系缺乏知识产权考核维度，对于引进团队的知识产权意识和能力是否强，人才声称拥有的知识产权真实性如何，知识产权权属是否清晰等问题，还没有引起足够的重视。而在人才引进后，对引进人才的知识产权管理和服务还不够到位。

三是对于从事此类知识产权评议机构的能力和资质，国家还缺少统一的、可操作的规范和认证。目前从事知识产权评议的机构以知识产权代理机构为主，主要从事专利、商标的申请、复审、无效等具体流程的操作，一般的代理人具有一定的基础检索、法务和流程咨询、专利或商标代理的经验，绝大部分人局限于基础性的服务工作，对于知识产权分析和评议的能力和经验稍显不足。另外则有政府主导的，一般隶属于各地知识产权局的各类知识产权服务机构、创新中心等，其在与本地的科技创新孵化器及产业园对接上做的工作比较多，在针对引进的高端人才个人或团队的一对一的服务上还做得不够。

　　总体而言，缺乏统一的评议标准和流程，亟需规范化的相关资质及专业性的机构提供相关的服务。

第 **3** 章

科技创新型人才引进的知识产权评议需求

3.1 引进主体的人才需求

引进主体可以有多种，如政府、企业、高校及科研机构，而对于不同的引进主体，其对人才的需求也存在差异。对于政府类的引进主体，其引进需求与政府的战略发展规划密切相关，其人才的引进需要能服务于国家或地方的区域经济发展；对于企业类的引进主体，其引进需求与企业的竞争格局和发展规划密切相关，其人才的引进需要服务于企业创新，为企业创造价值；对于高校及科研机构类的引进主体，其引进需求与高校的学科发展要求和产学研结合的需求密切相关，通过引进人才提高高校及科研机构的师资力量、完善学科建设、促进科研成果转化。

3.1.1 政府对人才的需求

3.1.1.1 国家战略发展的需求

在世界多极化、经济全球化发展的趋势下，世界科技进步日新月异，知识经济方兴未艾，尽早谋划人才发展才能为加快经济转型、结构升级抢占先机。我国出台的第一个中长期人才发展规划——《国家中长期人才发展规划纲要（2010—2020年）》中，将人才作为经济社会发展的第一资源摆在突出位置，该纲要指出要突出培养造就科技创新型人才，大力开发经济社会，发展重点领域急需紧缺专门人才，统筹推进各类人才队伍建设，开展创新人才推进计划、青年英才开发计划、海外高层次人才引进计划及各类人才培养计划和工程等。

2015年5月19日，国务院正式印发《中国制造2025》，这是在新的国际国内环境下，中国政府立足于国际产业变革大势，作出的全面提升中国制造业发展质量和水平的重大战略部署。该部署中重点提到了十大技术领域：新一代信息技术产业；高档数控机床和机器人；航空航天装备；海洋工程装备及高技术船舶；先进轨道交通装备；节能与新能源汽车；电力装备；农机装备；新材料；生物医药及高性能医疗器械。同时也对人才有了明确的需求：

（1）《中国制造2025》以"创新发展"为主题，要求从根本上提高我国自主创新能力，这就需要创新研发型人才。

依据熊彼特的创新理论，创新在于产品的发明或改良、新原料的发现、生产方式的革新、产业组织的建立及市场的转移等。如今西方发达国家正在从工业3.0迈向4.0，而我国的工业化还在向3.0努力，这就需要一支规模庞大的高端创新研发型人才队伍来加大生产方式调整，加强自主产品研发，加快自主品牌建设，以降低能源消耗和环境污染，转变对国外关键核心技术依赖的劣势，提高产品的附加值。而这些基于"技术推动创新"和"需求拉动创新"的双重模式，也需要培养创新研发型人才。培养创新型人才要求：第一，优化、细化激励政策，鼓励发明创造，为有创新意识、创新能力和研发能力的人才提供充足的机会和空间。第二，有效整合人才资源，进一步推进政产学研用一体化建设，打开互联互通渠道，使各机构高效地运转起来，人才灵活地流动起来，进一步激发学校的育人潜力、科研机构的科研能力和企业的研发效力。第三，在"双创"背景下，重点培育高层次的创新型人才和创新型企业家，实现高端前沿科技领域的创新研发和自主品牌建设，摆脱对外核心技术依赖，跨越禁锢品牌建设的藩篱。

（2）《中国制造 2025》以"两化融合"为主线，要求以"工业化 + 信息化"发展智能制造业，这就需要掌握多种技术的技术综合型人才。

工业互联网的核心在于机器、产品和人的互联，生产过程智能化需要精通网络互联处理系统的综合型人才。在传统制造业基础上运用数字化技术，推进工业互联网建设，搭建信息互通平台，通过网络技术架设起生产部门之间、企业与企业之间沟通的桥梁，促使信息流畅互通，以使研发、生产、业务各个部门间如齿轮般紧密咬合、密切合作。智能工厂、数字化车间的建设，"机器换人"时代的到来，解放了大量传统制造的劳动力，但是"机器换人"并不是简单以机器人等智能设备完全取代传统劳动力，而是将人从程序化程度高、劳动强度大、有害人体的工作中解放出来，同时增加对能熟练操作和维修智能机器设备的人才需求。个性化、定制化需求兴起，网络化营销模式应运而生。网络化营销模式带给消费者更大的选择空间，使产品面向更广阔的销售领域，与此同时，对营销者提出了智能需求。要实现"中国制造"到"中国智造"的转变，需要实现人才队伍从"制造型工人"向"创新型人才"的转变。

（3）《中国制造 2025》以"提质增效"为基本要求，制造行业必须具备强大的产品研发能力、产品生产能力，这就需要专业技能型人才。

我国技术技能人才的培养体系都是在传统工业生产专业化分工及岗位分工模式基础上建立起来的，因此在专业的设置上，比较狭窄并且界限分明，这并不利于发展问题解决型技术技能人才。在能力的培养上，过分重视操作技能，忽视了解决问题和学习能力的培养，造成受教育者的能力结构相对单一，发展后劲不足。面对"提质增效"的要求，我国亟须培养一大批具有专业意识与专业技术技能的技术员、技师和工程师，这些人才不仅要具有精湛的技艺，还要有严谨的工作态度和工匠精神，以此变"人口红利"为"技术红利"。

3.1.1.2　区域发展的需求

在国家发展战略推进过程中，各地政府纷纷努力构建各具特色的区域创新发展格局，打造区域创新示范引领高地，培育具有国际竞争力的产业集群和区域经济，在重点领域实现创新牵引，培育壮大区域特色经济和新兴产业。招商引资和人才引进是加快推进产业结构调整和转型升级的重要途径，是巩固和提升综合竞争力的重要保障。特别是可能引起现有投资、人才、技术、产业、规则"归零"的颠覆性技术和新兴产业。例如，人工智能、量子信息技术、智能机器人、无人驾驶汽车领域，优势企业和高端人才已经成为各地争夺的第一资源。尤其在近些年，不论是日趋成熟的北上广深等一线城市，还是快速发展的新一线城市（如武汉、西安、成都等）均出台了大量的人才计划，力图通过政策优惠为城市发展留住大量人才，如北京海聚工程、江苏省万名海外人才引进计划、湖北省"百人计划"、山东省引进海外创新创业人才"万人计划"、济南"5150 引才计划"、成都海外高层次人才计划、深圳"孔雀计划"等。

综合各省市人才引进计划可以发现，政府需要引进以下三类人才：

一是创新创业型人才。随着科学技术的不断进步与深入，新兴产业异军突起。各省市要想打造具有竞争优势的世界级城市群，建设创新驱动发展引领区，必须要有超前的创新意识和前瞻意识。创新型人才具有领先性和前沿性的特点与优势，在经济建设及科学技术的理论和实践等方面都能够起到领先和带头的作用，他们极高的技术素养对于城市建设、科技变革、产业结构调整等都具有不可替代的优势。例如，武汉市"黄鹤英才计划"引进和培养高层次创新创业人才，重点围绕武汉支柱产业调整振兴及战略性新兴产业培育壮大，以符合武汉 8 个千亿产业、15 个新兴产业发展的需求；光谷"3551 光谷人才计划"，围绕光谷高新技术产业发展需要，以海外高层次人才为重点，以企业为载体，引进和培养掌握国际领先技术的领军人才、在新兴产业领域从事科技创新创业的高层次人才、金融和企业管理人才及高新区紧缺的为高新技术产业配套服务的高端人才。

二是创新创业型团队。在技术高度融合的今天，创新的完成越来越多地依靠团队力量，具备先进的技术水平，符合当地经济和社会发展需要，预期带来重大经济效益和社会效益的创新创业团队也开始被重视起来。例如，北京市在人才引进的过程中大力支持优秀创新创业团队引进人才，经引荐，符合要求的团队成员也可以纳入引进范围；《珠海市创新创业团队和高层次人才创业项目管理办法》中除了规定高层次人才的引进要求，还对拥有自主知识产权或掌握核心技术的创新创业团队敞开了大门。

三是符合地方发展需求的创新型企业。相比于引进需要大力扶持和培育的团队，通过有选择的招商引资活动，引入有着关键核心技术，先进管理理念的企业，更能快速有效带动当地产业发展，促进转变经济发展方式和优化产业结构。例如，武汉的"城市合伙人计划"。其引入产业领军人才拥有自主知识产权或掌握核心技术，在武汉领办、创办企业或依托市属企事业单位开展创新研究、创新成果转化活动，对武汉市信息技术、生命健康、智能制造等战略性新兴产业发展具有重大引领推动作用。

3.1.2 企业对人才引进的需求

人才是推动企业健康发展的力量源泉，无论从宏观角度，还是从微观角度来看，人才是企业发展的决定性因素。只有拥有了充足的人才，企业才能实现跨越式的发展。对于技术型企业，打破竞争格局，奠定技术优势，掌握核心技术人才是企业间竞争的关键所在，当今的科技企业也越来越重视人才的引进工作，而不同的企业对其人才引进的需求和企业的长远发展规划密切相关。

例如，华为公司立足长远，调整队伍结构，更看重的是具有无限可能的年轻、基础研究人才。2019 年，为聚焦 5G 技术的发展需求，华为对 8 名 2019 届顶尖毕业生实行年薪制，并表示要打赢未来的技术与商业战争，技术创新与商业创新双创驱动是核心动力，创新就必须要有世界顶尖的人才，有顶尖人才充分发挥才智的组织土壤；并且计划将从全世界范围招 20 ～ 30 名 "天才" 少年，优化其队伍结构。

再如阿里巴巴，为了快速赶上当前人工智能发展的脚步，组建其自己的人工智能研究团队，其聚焦的是在人工智能方面已经有所建树、能够推进其挤入人工智能研究前列的关键人才。2017 年阿里巴巴宣布成立全球研究院——阿里巴巴达摩院（以下简称"达摩院"），并宣布在未来三年内投入超过 1000 亿元引进 100 名顶尖科学家来建设达摩院。达摩院设计"4+X"实验室架构，对人才的需求集中在机器智能、数据计算、机器人、金融科技 4 个研究领域。在首批入驻的学者中，达摩院就已经汇集了 3 位中国"两院"院士，2 位美国科学院院士。2017 年达摩院成立之后，引才速度越来越快。仅在 2018 年上半年，就有近 20 位海外知名科学家加盟达摩院。仅在自然语言处理领域，就引来了脸书（Facebook）人工智能负责人黄非、前新加坡信息与通信研究所研究员陈博兴、IBM 研究员葛妮瑜等海外高级科研专家。在量子计算领域，顶级科学家马里奥·塞格德（Mario Szegedy）加盟达摩院量子实验室，这位匈牙利裔美国人是两次理论计算机最高奖——哥德尔奖的得主。

3.1.3 高校及科研机构对人才引进的需求

对高校而言，人才培养和科学研究是高等学校的两个最基本的职能，人才引进是提升高校教学及科研水平的重要手段。

一方面，高校需要引进高层次的师资力量。人才引进可以为现有的师资队伍注入新鲜活力，带来新的理念、新的方向，促进教师间知识的交流和更新，拓宽现有教师的思路；也可以通过人才引进对原有的学科结构、体系及分布进行有针对性的调整和优化，以便强化优势学科、补强非优势学科、创建前沿学科。

例如，重庆大学在 2017 年为实现创建国际知名的高水平研究型大学的战略目标，大力提升师资队伍水平，汇聚一批优秀学术人才，以此推动教学、科研和学科建设，实施"百名青年优秀人才引进计划"，该计划是指根据学校学科布局的需要，用 5 年的时间从国内外引进百名已在相关学术领域崭露头角，具有学术发展潜力和学术领军人物潜质的青年优秀人才。

另一方面，高校和科研机构需要引进符合其学科发展的科研型人才。由于高等院校、科研机构等是科技成果的供给主体，在"科教兴国"战略指导下，随着"211 工程""教育振兴行动计划"的实施，我国高等教育取得了历史性的发展，高校科技创新工作取得了极大的进展。高校正逐渐发展成为基础研究的主力军，应用研究的重要方面军及高新技术产业化的生力军，高校科技工作已经成为国家科技创新体系的重要组成部分。在国家有关部门的大力支持下，高校及科研机构承担建设了一大批科技创新基地或平台，积极承担了国家科技攻关计划、"863"计划、"973"计划、国家自然科学基金及国防军工等一系列科研任务，使高校及科研机构总体科技实力、自主创新能力及综合竞争力也大大增强，知识贡献与社会服务能力大大增强，高校及科研机构正在成为我国科技自主创新的强大力量。

例如，中国科学院（以下简称"中科院"）启动实施的"人才培养引进系统工程"，以带动"高层次人才培养引进计划"及"海外智力引进与人才国际交流培养计划"的实施。"高层次人才培养引进计划"旨在配合国家"千人计划"的实施，引进在国外著名高校、科研机构或企业担任教授或相当职位的海外高层次人才；支持具有战略视野、能敏锐把握本学科领域国家战略需求和世界科技前沿发展态势的领军人才；培养和引进青年学术技术带头人。"海外智力引进与人才国际交流培养计划"是为强化海外引智工作，分层次、有重点地吸引和资助活跃在国际前沿的海外优秀学者和外国科学家到中科院访问和工作，建设国际化的科技创新人才队伍。中科院鼓励中青年科技人才积极参与国际交流与合作，支持优秀青年科技人才、支撑人才、骨干管理人才和转移转化人才的国际化培养。

3.2 不同产业类型的人才需求

3.2.1 新兴产业对人才的需求

相较于传统产业，新兴产业是以重大技术突破和重大发展需求为基础，在科学技术变革和需求的不断发展中逐渐衍生出来的产物，对经济社会全局和长远发展具有重大引领带动作用。新兴产业具有知识技术密集、物质资源消耗少、成长潜力大、综合效益好的特点，能够极大促进经济社会的产业发展和科技进步，体现出国家和区域经济的高科技水平，对经济社会具有一定影响力，某种程度上代表着经济社会产业结构的发展方向。就中国目前的环境背景而言，新兴产业主要指电子、生物、新能源、太空等各种新技术的发展所形成的产业，具体来说，中国新兴产业是节能环保、新一代信息技术、生物技术、高端装备制造、新能源、新材料和新能源汽车七大产业。

（1）节能环保产业。重点开发推广高效节能技术装备及产品，实现重点领域关键技术突破，带动能效整体水平的提高。加快资源循环利用关键共性技术研发和产业化示范，提高资源综合利用水平和再制造产业化水平。示范推广先进环保技术装备及产品，提升污染防治水平。推进市场化节能环保服务体系建设。加快建立以先进技术为支撑的废旧商品回收利用体系，积极推进煤炭清洁利用、海水综合利用。

（2）新一代信息技术产业。加快建设宽带、泛在、融合、安全的信息网络基础设施，推动新一代移动通信、下一代互联网核心设备和智能终端的研发及产业化，加快推进三网融合，促进物联网、云计算的研发和示范应用。着力发展集成电路、新型显示、高端软件、高端服务器等核心基础产业。提升软件服务、网络增值服务等信息服务能力，加快重要基础设施智能化改造。大力发展数字虚拟等技术，促进文化创意产业发展。

（3）生物技术产业。大力发展用于重大疾病防治的生物技术药物、新型疫苗和诊断试剂、化学药物、现代中药等创新药物大品种，提升生物医药产业水平。加快先进医疗设备、医用材料等生物医学工程产品的研发和产业化，促进规模化发展。着力培育生物育种产业，积极推广绿色农用生物产品，促进生物农业加快发展。推进生物制造关键技术开发、示范与应用。加快海洋生物技术及产品的研发和产业化。

（4）高端装备制造产业。重点发展以干支线飞机和通用飞机为主的航空装备，做大做强航空产业。积极推进空间基础设施建设，促进卫星及其应用产业发展。依托客运专线和城市轨道交通等重点工程建设，大力发展轨道交通装备。面向海洋资源开发，大力发展海洋工程装备。强化基础配套能力，积极发展以数字化、柔性化及系统集成技术为核心的智能制造装备。

（5）新能源产业。积极研发新一代核能技术和先进反应堆，发展核能产业。加快太阳能热利用技术推广应用，开拓多元化的太阳能光伏光热发电市场。提高风电技术装备水平，有序推进风电规模化发展，加快适应新能源发展的智能电网及运行体系建设，因地制宜开发利用生物质能。

（6）新材料产业。大力发展稀土功能材料、高性能膜材料、特种玻璃、功能陶瓷、半导体照明材料等新型功能材料。积极发展高品质特殊钢、新型合金材料、工程塑料等先进结构材料。提升碳纤维、芳纶、超高分子量聚乙烯纤维等高性能纤维及其复合材料发展水平。开展纳米、超导、智能等共性基础材料研究。

（7）新能源汽车产业。着力突破动力电池、驱动电机和电子控制领域关键核心技术，推进插电式混合动力汽车、纯电动汽车推广应用和产业化。同时，开展燃料电池汽车相关前沿技术研发，大力推进高能效、低排放节能汽车产业发展。

从上述各产业的定位不难看出，这些行业相较于传统行业，普遍需要采用先进技术进行生产，是技术创新最集中的生产区，对实现经济平稳较快增长具有重要的推动作用。相较于传统产业，与科技创新结合更加紧密，更具有开拓性和针对性，反映了经济社会发展产业的趋势，具有战略性、创新性、成长性、先进性、带动性的特点。

（1）战略性。新兴产业关系国家在世界格局中的地位，是国家长远发展必须考虑的根本性和全局性问题，它代表着未来的经济发展趋势，也是指导资本投资、人才聚集和政策制定的重要基础。

（2）创新性。新兴产业要求产学研深度整合，不断要求产品创造、工艺创新、市场创新等，通过不断创新保持新兴产业相较于同行或其他产业的发展优势，保持自身的发展动力。

（3）成长性。新兴产业属于处在快速成长阶段和发展风口、具有社会影响力和宏大发展前景、整体趋于上升的产业，是实现产业更新换代、社会经济高速发展的关键，能够对国家产业转型升级起到很好的推动作用。

（4）先进性。新兴产业主要涉及信息技术、生物工程等依靠技术创新的新兴技术领域，大多突破了现有技术体系，发展中需要交叉融合多种科技要素，客观上提高了经济发展的整体效率，符合经济社会发展先进性的要求。

（5）带动性。新兴产业可以在一定程度上改变传统产业，并根据时代的变化和内外环境的变化进行调整，实现经济转型的突破，改善人们的社会生活，提高国民经济的发展效率，使经济持续增长，体现强大的带动能力，满足经济、社会、科学技术、人口、资源和环境变化带来的新要求。

3.2.1.1 新兴产业的知识产权特点

新兴产业聚焦于发展前沿，知识技术较密集，对自主创新能力有着较高的要求，通过研究一些学者的成果，不难发现新兴产业的知识产权主要呈现出以下几个特点。

1. 新兴产业知识产权专利数量呈不断增长的趋势

2012—2016 年，世界范围内新兴产业的专利数量持续增长，中国、日本、美国、韩国、欧洲是各产业的主要目标国或地区，在排名中以明显优势位居前五，中国在七大产业中均以绝对优势位居第一（表 3.1）。

2012—2016 年，战略性新兴产业中国发明专利申请公开数量从 2012 年的 20.3 万件增长至 2016 年的 35.2 万件，年均增速为 14.8%，小于同期中国

表 3.1　七大产业专利数量高速增长国家（地区）排名

排名	节能环保	新一代信息技术	生物	高端装备制造	新能源	新材料	新能源汽车
1	中国	中国	中国	中国	中国	中国	中国
2	美国	美国	美国	美国	美国	日本	美国
3	日本	日本	欧洲	欧洲	日本	美国	日本
4	韩国	韩国	日本	韩国	欧洲	韩国	欧洲
5	欧洲	欧洲	韩国	日本	韩国	欧洲	韩国

资料来源：《战略性新兴产业专利统计分析报告》。

17.8% 的总体水平，但 2017 年前三季度的同比增速为 28.2%，大于同期中国 27.1% 的总体水平，引领优势开始凸显（图 3.1）。

(a) 2012—2016年发明专利申请公开五年年均增速

(b) 2017年前三季度战略性新兴产业发明专利申请公开量同比增速

图 3.1　战略性新兴产业中国发明专利申请公开情况

资料来源：《战略性新兴产业专利统计分析报告》。

2. 新兴产业知识产权主要集中于企业、高校或科研机构

如表 3.2 所示，截至 2016 年，从中国新兴产业有效发明专利中对权利人的统计可以看出，国内企业、高校或科研机构承担着主要的技术研究、成果转化等工作，掌握着至少 90% 以上的有效发明专利。

表 3.2　中国战略性新兴产业专利申请人情况　　　　单位：%

类别	节能环保	新一代信息技术	生物技术	高端装备制造	新能源	新材料	新能源汽车
企业占比	60.2	79.3	47.2	55.2	59.7	63.5	66.5
高校和科研机构占比	29.4	18.0	34.2	38.2	31.9	32.8	25.7

数据来源：《战略性新兴产业专利统计分析报告》。

战略性新兴产业中，行业的科技含量高，对技术创新要求高，创新人才集中度高，人才的知识产权评价对于开展新兴产业的人才引进具有先天的优势。

2016 年国内战略性新兴产业发明创造人才规模达到 32 万人，是 2012 年的 1.6 倍，2012—2016 年的年均增速为 12.6%（图 3.2）。

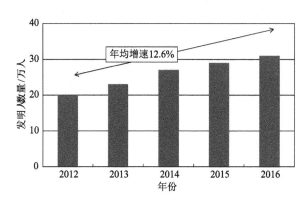

图 3.2　中国战略性新兴产业发明人才增长趋势
数据来源：《战略性新兴产业专利统计分析报告》。

2016 年，在中国公开的战略性新兴产业发明专利发明人中，国内节能环保和生物技术产业发明创造人才规模均在 10 万人以上，分别为 12.1 万人和 11.5 万人。2012—2016 年国内高端装备制造产业的发明人数量增幅最大，达到 17.8%，2016 年发明人数增至 4.4 万人；其次为新能源汽车产业，增幅为 16.6%，排名第二，2016 年发明人数增至 0.9 万人（图 3.3）。

截至 2016 年，中国战略性新兴产业发明专利拥有量前 100 名的专利权人中，企业有 69 个，其中国外企业有 50 个，其余 31 个均为中国高校和科研机构。

图 3.3　2012—2016 年中国七大产业发明人才增幅

数据来源：《战略性新兴产业专利统计分析报告》。

3.2.1.2　以存储器产业为例的新兴产业人才引进需求

技术创新是新兴产业发展的核心问题，拥有技术创新能力、多学科融合能力及掌握先进技术的高层次人才是促进新兴产业极大发展的迫切需求，如何帮助需求主体挖掘到合适的人才显得尤为重要。下面以存储器产业为例，阐述在知识产权视角下新型产业的人才引进需求。

1. 存储器产业的知识产权分布分析

三维 NAND 存储器的专利申请趋势变化早于其市场产品更新迭代。早在 2004 年就已有三维 NAND 存储器专利申请，并且总体申请量呈现上升趋势。得益于新的 BICS 结构的出现，三维 NAND 存储器实现产业化成为可能，

2007年的专利申请量出现较大幅度的增长，2008年更是突破100件。2014年，三维NAND存储器的专利申请量为676件，是同期二维NAND存储器的专利申请量的35%。三维NAND作为存储器领域的新兴技术，其专利申请趋势与技术发展是相吻合，随着企业的研发投入，专利申请量逐年增加。与之相反，二维NAND存储器专利申请量开始下降（图3.4）。

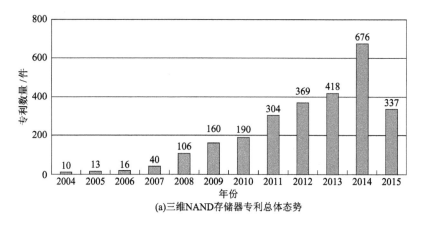

(a)三维NAND存储器专利总体态势

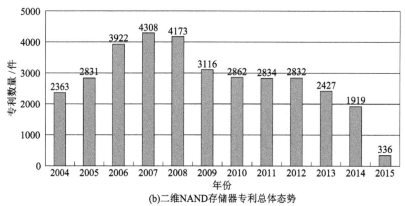

(b)二维NAND存储器专利总体态势

图3.4　NAND存储器专利总体态势

在三维NAND存储器专利申请布局区域中，美国的申请数量最大，为2417件，占该领域总申请量的40.9%，这是由于美国是市场大国，也是专利强国，各企业都非常重视在美国的专利申请。排名第二的是韩国，为 1047 件，占该领域总申请量的 17.7%，主要原因是韩国企业重视本土的申请。排名第三是日本，为 753 件，占该领域总申请量的 12.7%，主要原因也是日本企业重视本土的申请。中国作为目前最大的存储器市场，专利申请量排名第四，共 724 件，占该领域总申请量的 12.2%。可见各大企业已在中国大量布局专利，对中国实现三维 NAND 自主可控造成威胁（图 3.5）。从专利申请原创区域分布来看，韩国在三维 NAND 存储器方面的原创专利达到 2221 件，超过美国（图 3.6）。

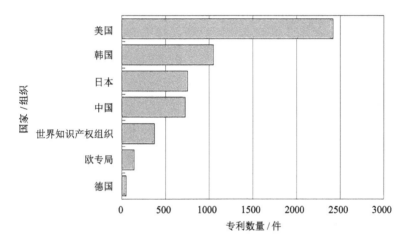

图 3.5　三维 NAND 存储器专利申请布局区域分布

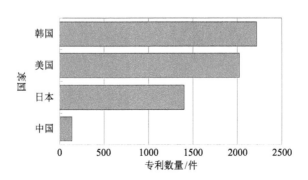

图 3.6　三维 NAND 存储器技术原创区域分布

从三维 NAND 存储器架构来看，东芝公司的 P-BICS 的专利申请量最大，其次是三星公司的 TCAT，且这两种架构的专利申请量保持增长趋势，是目前最重要的两个三维 NAND 存储器架构。半导体结构及制造方法涉及架构、通孔互连、沟道、针对位线 / 字线 / 源线、存储单元工艺等，这些是三维 NAND 存储器较 2D-NAND 存储器的主要技术革新点，因此一直保持着一定的专利申请规模，并呈现持续上涨趋势，其中架构的专利申请量最大，是三维存储器中最核心的技术，其次是沟道排、存储单元结构。东芝早期的 P-BICS 结构专利也有较多的申请，VG-NAND 存储器也有部分申请。目前日本东芝抢占核心层级基础专利，韩国三星依靠次核心及较重要层级专利布局实现赶超（图 3.7）。

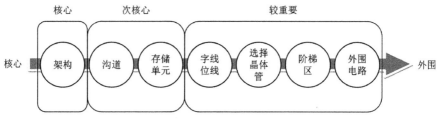

图 3.7　东芝、三星在 NAND 存储器的专利布局

2. 知识产权视角下的存储器创新人才分析

三维 NAND 存储器技术领域共有 3734 名创新人才，其主要活跃于 6 个地区。美国作为存储器产业的起源国，其该领域创新人才最多，共有 1768 名创新人才申请了专利；其次是韩国，有 1227 名创新人才，韩国三星、海力士既是存储器优势企业，又非常注重专利保护和创新人才培养。中国虽然在存储器行业起步较晚，但是其具有庞大的人口和市场，及政策上的支持，近年来也有突破性的发展，目前已有 940 名创新人才。剩下的创新人才主要

分布在日本和欧洲。20 世纪 80 年代，存储器技术在日本得到了快速的发展，至今，日本东芝在该产业上仍然具有较高的市场份额；此外，欧洲国家在存储器及半导体领域也有一些较有竞争力的企业（图 3.8）。

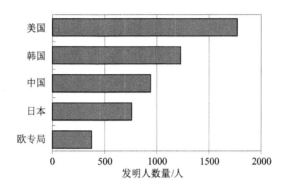

图 3.8 三维 NAND 存储器创新人才的地域分布情况

三维 NAND 存储器每年新增的创新人才数量从 2003 年开始激增，2009 年至 2012 年，每年新增发明人数量均在 400 人以上，这与存储器产业的整体发展较一致，随着存储器产业的突飞猛进，越来越多的人从事到该项技术的研发中（图 3.9）。

在三维 NAND 存储器三大技术分支中，从事半导体结构及制造方法的创新人才最多，其次为操作方法，最后为接口及外围电路。各大企业都渴望能在半导体结构及制造方法这个核心技术上把握先机，占据知识产权优势，因此对于该项技术的研发投入更加重视。在半导体结构及制造方法的进一步细分中，从事架构、沟道的创新人才居多。三维 NAND 存储器领域主要企业中发明人及其专利数量如图 3.10 所示。

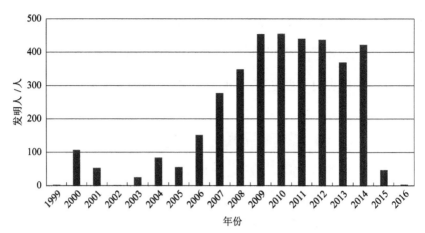

图 3.9　三维 NAND 存储器创新人才的新增数量
（数据截至 2016 年 8 月）

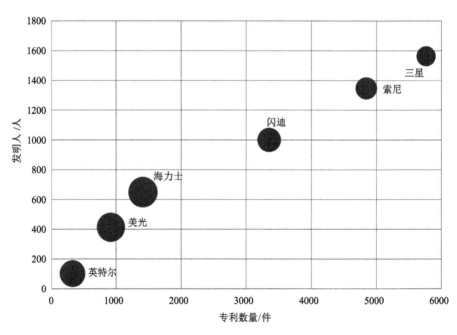

图 3.10　三维 NAND 存储器领域主要企业中发明人及其专利数量

3. 新兴产业中引进人才的建议

以存储器产业为代表的新兴产业具备五大特点，即战略性、创新性、成长性、先进性、带动性，技术创新依然是该产业发展的核心要求，通过对存储器产业、技术、专利及创新人才特点的分析可知，三维 NAND 存储器技术较传统 NAND 存储器实现了技术创新，为解决存储器中信息存储提供了新思路。然而 NAND Flash 技术主要集中在美国、日本、韩国，并且美国、日本、韩国各大企业在中国进行了大量的专利布局，当前中国存储器产业最大的挑战是中高端人才的搜寻、引进。为了实现存储器技术创新，对于存储器产业中引进人才有如下建议：

（1）重点引进通晓关键技术的复合型人才。存储器已经是中国半导体集成电路芯片的"痛点"，我国面临巨大的挑战。通过前面的分析不难发现，三维 NAND 存储器各技术分支中已经积累了大量的技术创新人才，但通晓各关键技术的复合型人才较少，对复合型人才的引进有利于产业或技术的宏观统筹发展，有利于提高经济与时间效能、降低成本。

（2）注重基础学科的人才积累，重点从高校和科研机构中引进人才。存储器产业中技术已越来越控制在少数垄断巨头手中，要想打破各国各公司的技术壁垒，还得在基础学科上下功夫，应从高校和科研机构引入大量科学家或学者，进行深入的理论研究找寻技术突破点，通过理论成果转化形成产业或企业的技术优势。

（3）注意人才风险问题。存储器产业中中高端人才的引进会直接左右该产业或企业的成长发展，必须特别注意风险因素的评估，在引进人才时需要充分考虑各方风险，避免因为侵犯商业秘密而卷入不必要的诉讼中，蒙受损失。

与传统产业相比，新兴产业与科技创新结合更加紧密，更具有开拓性和针对性。近些年，新兴产业的知识产权呈不断增长之势，并主要掌握在企业、高校或科研机构手中，这给人才引进指明了方向。通过对存储器产业的产业、技术、专利及人才特点分析，发现存储器产品技术越来越集中控制在少数公司手中，若想实现技术产品的突破，必须从关键技术方面有针对性地对人才进行挖掘，注重复合型人才的引进、基础学科人才的积累，并注意人才风险问题。

3.2.2　知识产权密集型产业对人才的需求

知识产权密集型产业是知识技术密集、物质资源消耗少、成长潜力大、综合效益好的经济活动，其对经济贡献的增长率往往要高于同时期的全国经济增长率。通过文献研究对比发现，与欧美发达地区相比，我国知识产权密集型产业的人均经济效益偏低，知识产权密集型产业的人才价值还具有巨大的发展空间。通过对我国不同地区知识产权活跃度的研究发现，以专利为代表的知识产权定义的人才属性在知识产权密集度产业比非知识产权密集度产业更为显著。根据国际、国内涉及的知识产权纠纷来看，知识产权密集型产业中人才引进涉及的风险更大、壁垒更多，对评议方法、数据要求及后续涉及的知识产权法律风险评议和排除要求很高。通过典型知识产权密集型产业的市场情况来看，我国知识产权密集型产业的长期发展和"弯道超车"依赖于新技术的融合。

3.2.2.1　知识产权密集型产业的定义和特点

随着知识经济的发展，"知识产权密集型产业"这个名词早已进入大众视野。从知识经济发展潮流的角度看，该产业被认为是以知识为基础的高端技术和智力成果的聚集部门，这些部门的发展壮大主要依靠技术创新；从产业类别的角度看，该产业被指在产业循环过程中需要强烈依靠技术与智力要素，并对这两者的依赖大于其他所有的生产要素的产业，同时又被分为知识产权密集型制造业与知识产权密集型服务业两大板块。根据美国专利商标局与美国经济和统计管理局联合发布的《知识产权与美国经济：2016 年更新报告》，在 2012 年报告的基础上，就知识产权对美国经济的影响进行了新的评价，并对相关的评价方法进行了新的审视。在该报告中，对于产业专利密集度的计算，被定义为在 2009—2013 年五年内总的专利数量与工业平均就业率的比值。这种方法有助于使得所有产业处于一个平等的竞争环境中，从而多数的专利密集型产业不再被定义为那些拥有最多专利数量的产业，而是定义为每个就业人员所拥有专利数量最多的产业。并且在研究中，利用五年的研究时期而并不是利用一年的数据，这样有助于减小任何一个年份对于结果的异常变化。随后，美国的评价方法在欧洲、中国等越来越多地得到应用。

3.2.2.2 美国知识产权密集型产业

2016 年 10 月，美国商务部、美国专利商标局及经济和统计管理局联合发布了题为《知识产权与美国经济：2016 年更新报告》的报告，研究指出知识产权密集型产业至少为美国提供了 4500 万个就业机会，产业贡献超过 6 万亿美元，占美国国内生产总值的 38.2%。

《知识产权与美国经济：2016 年更新报告》研究报告将 81 个广泛采用专利、著作权及商标权保护的产业（总共 313 个行业分类）确定为"知识产权密集型产业"（表 3.3 至表 3.5）。这是继 2012 年《知识产权与美国经济：产业聚焦》报告后，美国政府部门发布的第二份以知识产权密集型产业对经济的贡献为视角，全面评估知识产权制度对美国经济总体影响的研究报告。

表 3.3　美国专利密集型产业分布（2009—2013 年）

北美产业分类系统代码	产业名称	专利量 / 件	专利密集度 /（件 /1000 个就业岗位）
3341	电脑与附属设备	105476	658.40
3342	通信设备	65854	581.75
3343，-6	其他电脑与电子产品	11412	255.30
3345	导航、测量、电子医疗与控制仪器	59266	145.76
3344	半导体与其他电子配件	55072	144.36
3251	基本化学品	16223	113.21
3399	其他杂项	27872	87.57
335	电子设备、电器与配件	29729	79.94
3391	医疗设备	23678	75.05
3254	制药与药品	20317	73.43
3253，-5，-6，-9	其他化学品及制剂	15123	52.84
333	机械	50978	47.69
⋮	⋮	⋮	⋮
平均		555488	46.20

表 3.4　按商标强度排名前十位商标密集型产业（2009—2013 年）

北美产业分类系统代码	产业名称	商标密集度 /（件 /1000 个员工）
2372	土地细分	59.4
5259	其他投资池和资金	47.9
3399	其他杂项制造业	46.2
3343	音频和视频设备制造业	30.4
3351	电子照明设备	21.0

北美产业分类系统代码	产业名称	商标密集度 /（件 /1000 个员工）
3219	其他木制品	20.8
5191	其他信息服务	16.0
4541	电子购物及邮购	15.0
5232	证券商品交易	12.9
5111	报纸、期刊、书籍、目录出版商	11.5

表 3.5 美国版权密集型产业

北美产业分类系统代码	产业名称
5111	报纸、期刊、图书出版商
5112	软件出版商
5121	电影和视频业
5122	录音行业
5151	无线电广播和电视广播
5152	有线电视
5191	其他信息服务
5414	专门设计服务业
5415	计算机系统设计及相关服务业
5418	广告、公关及相关服务业
5419	其他专业技术服务业
7111	演艺公司
7115	独立艺术家、作家、表演家

3.2.2.3 欧洲知识产权密集型产业

2016 年 10 月，欧洲专利局（EPO）和欧盟知识产权局（EUIPO）发布了《知识产权密集型产业及其在欧盟的经济表现》报告。该报告提到知识产权密集型产业为欧盟创造了超过 42% 的国内生产总值。

在 615 个欧盟经济活动分类代码类别中，有 449 个行业在 2004—2008
年期间成功申请了专利，其中的 140 个行业是专利密集型行业，即每 1000
名员工的平均专利数量超过总体平均数（0.69）。在排名前 20 的专利密集型
产业名单中，制造业（第二产业）占据 16 个。排名前 20 的产业如表 3.6 所示。

表 3.6　欧洲排名前 20 专利密集型产业

欧盟经济 活动分类代码 （NACE CODE）	产业名称	专利密集度 /（件 /1000 个就业岗位）
28.24	电动手动工具的制造	109.74
77.40	租赁知识产权和类似产品	69.23
21.10	基本医药产品的制造	27.57
20.59	其他化学制品制造	19.08
72.11	生物技术研究与实验发展	15.64
26.70	光学仪器和摄影设备的制造	13.67
26.51	测量、测试和导航用仪器 和器具的制造	13.35
27.51	家用电器制造	13.12
28.91	冶金机械制造	12.33
26.60	辐射，电子医疗和电疗设备制造	12.26
28.94	纺织、服装、皮革生产机械制造	9.84
72.19	自然科学与工程研究与实验	9.65
24.45	其他有色金属生产	9.56
26.30	通信设备的制造	9.35
26.11	电子元件制造	8.51
06.20	天然气提取	8.51
30.99	其他运输设备的维护与修理制造	7.99

续表

欧盟经济 活动分类代码 （NACE CODE）	产业名称	专利密集度 /（件 /1000 个就业岗位）
20.11	工业气体的制造	7.77
28.95	纸和纸板生产机械制造	7.58
30.40	军用车辆制造	7.58

3.2.2.4　我国知识产权密集型产业

2016 年，国家知识产权局发布《专利密集型产业目录 2016》，包括八大产业（表 3.7）。信息基础产业包含 5 个中类行业，软件和信息技术服务业包含 6 个中类行业，现代交通装备产业包含 4 个中类行业，智能制造装备产业包含 7 个中类行业，生物医药产业包含 7 个中类行业，新型功能材料产业包含 6 个中类行业，高效节能环保产业包括 10 个中类行业，资源循环利用产业包含 3 个中类行业。

表 3.7　专利密集型产业目录表

专利密集型产业分类名称	国民经济行业代码	国民经济行业名称
一、信息基础产业	391	计算机制造
	392	通信设备制造
	393	广播电视设备制造
	394	雷达及配套设备制造
	396	电子器件制造
二、软件和信息技术服务业	651	软件开发
	652	信息系统集成服务
	653	信息技术咨询服务
	654	数据处理和存储服务
	655	集成电路设计
	659	其他信息技术服务业

专利密集型产业分类名称	国民经济行业代码	国民经济行业名称
三、现代交通装备产业	361	汽车整车制造
	366	汽车零部件及配件制造
	371	铁路运输设备制造
	374	航空、航天器及设备制造
四、智能制造装备产业	342	金属加工机械制造
	343	物料搬运设备制造
	351	采矿、冶金、建筑专用设备制造
	354	印刷、制药、日化及日用品生产专用设备制造
	355	纺织、服装和皮革加工专用设备制造
	356	电子和电工机械专用设备制造
	357	农、林、牧、渔专用机械制造
五、生物医药产业	271	化学药品原料药制造
	272	化学药品制剂制造
	273	中药饮片加工
	274	中成药生产
	276	生物药品制造
	358	医疗仪器设备及器械制造
	404	光学仪器及眼镜制造
六、新型功能材料产业	261	基础化学原料制造
	263	农药制造
	264	涂料、油墨、颜料及类似产品制造
	265	合成材料制造
	266	专用化学产品制造
	268	日用化学产品制造

专利密集型产业分类名称	国民经济行业代码	国民经济行业名称
七、高效节能环保产业	341	锅炉及原动设备制造
	344	泵、阀门、压缩机及类似机械制造
	346	烘炉、风机、衡器、包装等设备制造
	352	化工、木材、非金属加工专用设备制造
	359	环保、社会公共服务及其他专用设备制造
	382	输配电及控制设备制造
	384	电池制造
	387	照明器具制造
	401	通用仪器仪表制造
	402	专用仪器仪表制造
八、资源循环利用产业	336	金属表面处理及热处理加工
	462	污水处理及其再生利用
	469	其他水的处理、利用与分配

　　随后，各省市也相继发布了各自的知识产权密集型产业发展规划或产业目录。

　　以江苏省为例，江苏省知识产权局党组书记、局长支苏平在《加快知识产权强省建设，着力推动江苏经济转型发展》一文中提出要发展知识产权密集型产业，具体为加强分类指导，研究密集型产业发展规划，着力培育专利密集型、商标密集型、版权密集型产业。强化园区建设，支持高新区、产业集群品牌培育基地、特色版权园区集聚知识产权资源，形成"一区一战略产业、一县一主导产业、一镇一特色产业"的发展格局。建立知识产权密集型产业发展统计制度，定期发布产业发展报告，引导知识产权密集型产业发展壮大，实现江苏省经济发展由技术密集型向知识产权密集型转变。

2016 年 12 月，江苏省发布《江苏省知识产权密集型产业统计报告》，该报告是继美国、欧洲发布知识产权密集型产业统计报告后，国内首个集专利、商标和版权的知识产权密集型产业统计报告。该报告提供了江苏省知识产权密集型产业目录，江苏省知识产权密集型产业目录与战略性新兴产业、高技术制造业等发展目录有较高的吻合度，知识产权密集型产业对经济拉动能力强、创新投入和产出高、市场竞争优势明显。

3.2.2.5 中国知识产权密集型产业的特点及对人才作知识产权评议的需求

从欧美国家经验及我国具体情况来看，知识产权密集型产业是知识技术密集、物质资源消耗少、成长潜力大、综合效益好的经济活动，其对经济贡献的增长率往往要高于同时期的全国经济增长率。因此，不管从政策角度还是实际发展需求角度，专利密集型产业在我国国民经济中的比重将会提高。

人力资源是知识产权密集型产业创新的基础。对于具有高度知识密集性和高素质劳动力投入的知识产权密集型产业来说，更需要高素质、高技能的专业性人才。在知识产权密集型产业发展过程中，高素质人才的就业、教育及培训等人才政策发挥着重要作用。例如，美国联邦政府额外向学校、社区、市区和各州提供财政支持，主要是为了提高学校的整体教学水平，使更多的青年人能够接受系统性的教育。另外，美国联邦政府在劳工技能培训方面也做出了巨大努力，为了更好地促进劳动力进行培训，学员可以使用个人培训账户来选择培训服务，各州必须建立就业服务中心，目的是为成年人就业提供系统性的培训服务和其他服务。

相比美国而言，我国的知识产权密集型产业在人才方面有以下的特点：

（1）中国知识产权密集型产业的人才价值还具有巨大的发展空间。

2014 年，美国知识产权密集型产业贡献超过 6 万亿美元，占美国国内生产总值的 38.2%，直接提供了近 2790 万个工作岗位，占据了美国所有工作岗位的 18.2%，相对于 2010 年增长了 80 万个就业岗位。

在 2011—2013 年期间，欧洲知识产权密集型产业所产生的 GDP 占据整个经济活动 GDP 的 42%，其数额为 5.7 万亿欧元。知识产权密集型产业的就业岗位占据欧盟所有就业岗位的 27.8%。在此期间，平均有 6000 万欧洲人受雇于专利密集型行业。此外，对于专利密集型行业中的供应商品和服务的产业又提供了 2200 万个就业岗位。综合考虑到间接提供的工作岗位，知识产权密集型行业所提供的工作岗位总数达到 8200 万个，占据欧盟所有岗位数量的 38.1%。知识产权密集型产业支付的工资明显高于其他行业，约高出46%。这与知识产权密集型行业中每个工人所产生的产业增值高于其他行业是相一致的。

同一时期，中国知识产权密集型产业对 GDP 的贡献率为 26.87%，对城镇就业人数的就业贡献率为 27.03%。通过与欧美国家的对比可以看出，中国知识产权密集型产业对 GDP 的贡献较之发达国家总体偏小，不过在解决就业方面，知识产权密集型产业对中国的贡献率远远超过美国，这说明知识产权密集型产业对中国的就业社会问题贡献巨大，也说明了中国知识产权密集型产业的人均经济效益较之欧美国家偏低。由此可知，中国知识产权密集型产业的人才价值具有巨大的发展空间。

（2）知识产权代表的人才属性在知识产权密集型产业中更为显著。

虽然在整体上中国知识产权密集型产业对于就业的促进作用远超美国，但是在中国不同地区的知识产权密集型产业对经济社会的贡献也有不同的表现。以上海和湖北为例（图 3.11 和图 3.12），专利密集型产业和非专利密集型产业在就业、产值、活跃度及 R&D 投入方面有不同的表现。对上海来说，发展专利密集型产业能够获得更高的就业和产值的回报，同时需要更高的R&D 投入。对于湖北来说，虽然发展专利密集型产业能够获得更高的产值回报和更少的资金投入，但是非专利密集型产业能够促进就业。

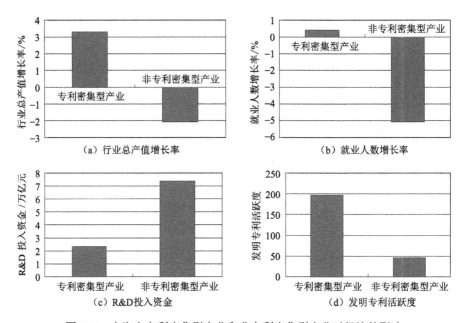

图 3.11　上海市专利密集型产业和非专利密集型产业对经济的影响

不管是较为发达的上海，还是处于快速发展阶段的湖北，专利密集型产业在发明专利的活跃度方面都较非专利密集型产业高。从专利活跃度的定义来看，其为该行业从业人员人均占有的专利数，以专利为代表的知识产权定义的人才属性在知识产权密集度产业比在非知识产权密集度产业更为显著。

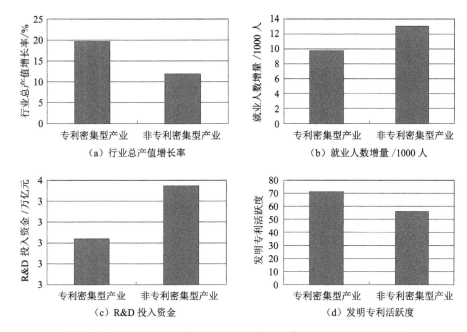

图 3.12 湖北省专利密集型产业和非专利密集型产业对经济的影响

（3）知识产权密集型产业中人才引进涉及的风险更大、壁垒更多，对人才涉及的知识产权法律风险评议要求更高。

2012 年 5 月 7 日，美国将中国列入知识产权保护重点观察名单，并针对我国的部分产业加大启动"377 调查"的频次，90% 以上的"337 调查"关注的焦点在于专利侵权问题，其中大部分是针对医药、通信等典型的知识产权密集型产业。

2001—2009 年，我国医药行业仅遭遇 6 起"337 调查"，2010—2018 年，美国对我国医药产品就发起了 18 起"337 调查"，且涉及的大多都是有较高附加值的医药产品，影响数亿美元的出口。2017 年，中国企业遭遇美国"337 调查"的总数量高达 24 起，其中涉及最多的领域是电子通信，86 家中国企业被卷入其中。

针对中国的调查占美国发起的全部"337调查"的比重也在明显上升，由2015年的29.4%上升至2016年的40.6%，2017年已经达到48.1%，美国的"337调查"正在加大对中国商品的调查力度。

近年来，国内汽车行业知识产权与竞争纠纷保持快速增长态势。就横向对比而言，2009—2017年，汽车行业知识产权与竞争纠纷案件数量逐年数据为325件、490件、495件、715件、948件、1195件、1393件、1518件和2235件，年复合增长率达到23.89%，远高于所有行业的平均年复合增长率。就纵向对比而言，2017年，人民法院共新收一审、二审、申请再审等各类知识产权案件237242件，汽车行业知识产权与竞争纠纷案件占全部案件总数的10%，在96个产业大类中位居前列。汽车行业是典型的知识产权密集型产业，其发展高度依赖于专利、商标、著作权、技术秘密等知识产权，因此也是知识产权与竞争纠纷频发的行业领域。同时，随着时间的推进，汽车行业企业越来越依赖知识产权开展竞争，汽车行业知识产权与竞争纠纷所讨论的法律问题日益变得前沿且复杂。

基于美国"337调查"及国内汽车行业的指数产权纠纷来看，不管是海外人才引进，还是国内同一行业间的人才流动，涉及知识产权密集型产业的人才引进将面临更多的风险和壁垒，对人才评议的准确性、对评议方法、数据要求及后续涉及的知识产权法律风险评议和排除要求很高。

（4）知识产权密集型产业的发展依赖于新技术的融合。

我国的汽车产业已经发展成为以长春、北京、上海、武汉、重庆和广州为中心的六大汽车产业生产中心，形成了"3+6"的产业布局，珠江三角洲集群、长江三角洲集群、东北集群、华中集群、环渤海地区集群和西南集群构成了我国汽车主要制造基地，其总产值占全国汽车总产量的80%以上。然而，这些市场的中坚力量一直是掌握强势国际品牌的合资厂商，缺乏我国自主知识产权汽车。

根据中国汽车工业协会数据，2018 年全年汽车行业总产量为 2776 万辆，同比下滑 4.5%，总销量为 2802 万辆，同比下滑 3.2%，行业产销量出现 28 年来的首次负增长，然而根据国家统计局数据，新能源汽车呈现持续增长。节能要求使得越来越多的厂商在电动车、新能源汽车、电池的研究上布局。相关报告预计，我国新能源汽车市场规模将达万亿，随着新能源汽车市场逐步由政策驱动型向市场驱动型转变，汽车产业电动化、网联化、智能化、共享化已成为公认的汽车行业未来趋势，不具备这四个特征的汽车企业在未来将在行业竞争中面临被无情淘汰的风险。人才是当代汽车产业的第一资源，国际核心竞争力财富重组的重大要素，中国的汽车人才战争特色是高端人才、最新信息、最高知识，全产业链的"创新战"。作为典型的知识产权密集型产业，其也是知识产权充分竞争型行业，在传统汽车方面我国严重依赖于他国核心技术，在新能源汽车快速发展的今天，新技术的兴起也让我国汽车行业有了弯道超车的前景，但这也依赖于新能源、智能网联、无人驾驶技术等的发展。

3.3　处于不同生命周期、不同阶段的产业对人才的需求

1966 年美国哈弗大学教授雷蒙德·弗农（Raymond vernon）最早提出了产品生命周期理论。雷蒙德·弗农认为工业制成品的数量、规模和利润有着

像人一样的生命周期，即产品的引入期、成长期、成熟期和衰退期。

3.3.1 产业不同生命周期的特点

根据产业生命周期理论，本书将产业的发展历程大致划分为三个阶段：成长期、成熟期和衰退期。而在各阶段中，技术和市场对于产业的发展起到了重要作用。

3.3.1.1 产业成长期

成长产业通常是伴随着科学领域内技术重大突破而产生的，新技术成果出现带来新产品群。成长阶段产业通常具有以下特点。

从技术角度来看，处于成长期的产业，技术不成熟，主导产品未出现，高研发强度，此阶段的技术门槛并不高，此时产业内企业发展重心主要在产品研发上，产品产量和产业内企业数量不断增加。

从市场角度来看，新产品的市场需求不明，更多的消费者对产品持观望态度；产业规模不断扩大，产品成本下降，产业盈利水平上升。此阶段产业主要以产品质量为竞争策略，但差异化产品逐渐在市场上占据更大份额；已进入该产业并通过成功研发与创新掌握了核心技术、形成竞争优势的企业，成为产业中的领军企业，其他后续进入的企业，成为产业中的跟随企业。

此时高强度研发的产品创新仍然占据主要地位，研发投入和人力资本是成长阶段产业技术创新主要动力。

3.3.1.2 产业成熟期

随着技术逐渐成熟、市场规模的壮大，产业将进行到成熟期，成熟期产业通常具有如下特点。

从技术角度来看，处于成熟期的产业，技术趋于成熟，市场供需也逐渐趋于稳定，此时产业核心技术也已经发展成熟，成为该产业的基础技术。

从市场角度来看，成长阶段产业内企业数量虽然不断增加，但市场高盈利水平仍然吸引更多的企业进入市场，市场不断发展，逐渐达到成熟状态，此时市场接近完全竞争市场状态，产业的主导产品群稳定，产品销售数量很大，且不会发生较大变动，企业由开始的产品竞争转变为价格竞争。由于市场竞争激烈，而且产品的生产技术标准化，利润率降低，市场中企业数量和销售额的增长小于成长阶段，市场竞争环境愈加激烈。企业虽然还有进入，但也有部分企业退出市场，产业内企业数量保持在一个动态平衡状态。

此时产业若仍维持原有技术水平，则会受到生产要素的制约而导致产业开始衰退。因此，考虑到产业的可持续发展，必须通过技术进步来实现产业升级。

3.3.1.3 产业衰退期

衰退阶段产业内主导产品群销售额从长期来看不再增长，甚至出现下降，产品标准化生产基本普及，甚至有其他更好的替代产品出现，产业内企业利润逐渐下降，竞争力不强的企业被淘汰，企业数量开始下降。此时企业可以采取增加技术研发力度、生产多元化、收购兼并等方式获得竞争力。如果此阶段产业内发生重大技术创新，则产业可能会出现新一轮成长周期。

产业进入衰退期，可能的原因包括创新失败导致产业升级中断、创新成功后新产品的出现导致对当前产业的需求逐渐降低乃至消失。对于创新失败导致产业升级中断的情形，若未来仍存在较大的市场需求，则需要扭转该产业升级中断的被动局面，恢复产业活力。

3.3.2 知识产权视角下的产业生命周期

产业生命周期的演变与发展与技术和市场是密不可分的，而在当前，随着知识产权保护意识的提高，各产业中的企业对于其技术普遍通过知识产权的方式进行保护，特别是专利，专利数量的多少直接反映了该产业的技术创新活跃程度，专利一定程度上代表了自主知识产权的能力。专利更是企业的一项重要的无形资产，其本质是促进企业将专利的技术能力转变为经济效益，使得专利技术成为生产力的主导力量，从而保护企业获得技术和市场上的垄断地位。对于知识产权密集型产业，专利是市场竞争中的重要战略资源，可通过专利权利控制市场。

对于处于成长期的产业，仅有少数企业掌握产业未来发展的新兴核心技术，企业通过研发获得专利是为了在未来市场竞争中掌握主动权。与此同时，大部分企业或投资者一方面对新兴产业保持关注，另一方面因不愿承担新技术研发的风险而处于观望状态，因此可以发现，核心技术虽然仍掌握在少量领军企业中，但其他企业也已经跟随领军企业逐渐开展相应技术的研发。新兴产业中的企业，首要目标应是抢占未来市场竞争的主动权，而不必过早将研发精力分散于防止其他企业进入竞争。此时，从专利上来看，该产业专利数量不多，增长率也较低，专利数量大部分集中于少数领军企业中。

对于处于成熟期的产业，随着专利有效期的截止，领军企业所掌握的核心技术逐渐成为产业的基础技术，被产业中大部分企业所掌握。领军企业此时若仍未能研发出新兴技术以替代原有核心技术，则将在成熟期失去竞争优势，与其他企业一并进入自由竞争程度较高的成熟市场，随之逐渐走向衰退。因此，领军企业在成长期的专利研发活动中，必须同时关注替代性新核心技术的研发。同时对于替代性新核心技术研发成功的领军企业而言，本轮的产业成熟期也是其新一轮产业生命周期中的形成期。替代性新核心技术的研发成功，是成功实现产业升级的关键因素，而替代性新核心技术研发失败的领军企业，或未进行替代性新核心技术研发的领军企业，若仍未退出本产业市场，则将在新一轮产业生命周期中成为跟随企业，丧失原有的竞争优势。此时，从专利上来看，专利数量较多，年增长率显著增加，申请人的分布也呈现百花齐放，而之前的领军企业此时展开该产业下其他新技术的研发及专利申请。

对于处于衰退期的产业，创新失败导致产业升级中断，创新成功后新产品的出现导致对当前产业的需求逐渐降低乃至消失。此时，从专利上来看，专利数量仍有增加，但年增长率呈下降趋势（图 3.13）。

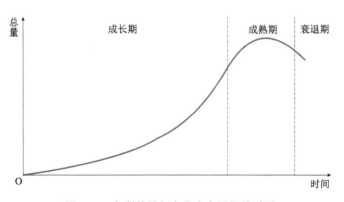

图 3.13　专利数量与产业生命周期关系图

下面将以物理储氢产业为例，阐述知识产权视角下的该产业生命周期。

为缓解世界能源危机、解决全球环境生态问题，开发用以替代以石油为主的传统能源的新型清洁能源将变为治理环境污染问题的首要突破口。与其他可再生能源相比较，氢能被公认为最理想的新能源，最有希望成为能源的终极解决方案之一。

整个氢能产业链整体上分为上游制氢、中游储氢、下游氢燃料电池和氢内燃机及其燃料汽车应用三大环节。而储氢产业作为氢能产业链中的重要一环，其发展直接制约影响着整个氢能产业的发展。

现有的储氢方法多种多样，归纳起来分为两类：一类是物理储氢，包括高压气态储氢、低温液态储氢及物理吸附储氢等；另一类为化学储氢，包括金属合金储氢、金属氢化物储氢及有机液体氢化物储氢等。衡量储氢技术性能的主要参数包括储氢体积密度、质量分数、充—放氢的可逆性、充—放氢速率、可循环使用寿命及安全性等。许多研究机构和部门对储氢技术提出了新标准，包括国际能源协会（International Energy Agency，IEA）、日本"世界能源网络"（World Energy Network，WENET）等。其中，美国能源部（Department Of Energy，DOE）公布的标准较具权威性，提出了适合于工业应用的理想储氢技术，需满足含氢质量分数高、储氢的体积密度大、吸收释放动力学快速、循环使用寿命长、安全性能高。

图 3.14 显示了物理储氢技术全球专利申请总量及国内申请人与国外申请人申请总量随年份变化的趋势。从图中可以看出，在 1998 年之前，储氢技术的专利技术一直处于起步阶段，每年的申请量不多，但是这些专利申请基本已经阐述了储氢技术的储氢原理，可能当时传统能源还很充裕，环境污染也不严重，人类开发清洁能源的愿望还不够紧迫，因此每年的申请量增长幅

度很小，增长较为缓慢，还处于产业成长期。

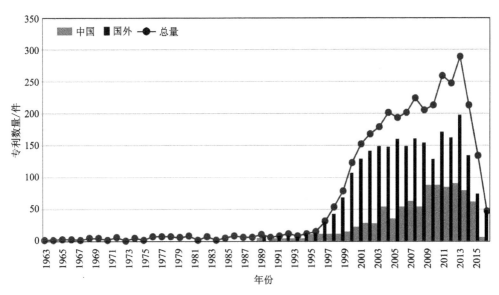

图 3.14　物理储氢技术全球专利申请总量及国内申请人
与国外申请人申请总量随年份变化的趋势

1998 年以后，物理储氢技术的专利申请量整体趋势是逐年增长的，主要以日本和美国的专利申请量迅速增长，在氢燃料电池逐步走向成熟并走向工业应用的大背景下，世界各国逐渐意识到氢燃料电池应用的广阔前景，各国开始积极研发新技术，物理储氢技术也不断向前发展，其专利年申请量进入急剧增长阶段。2014—2016 年呈现下降趋势，是由于大部分专利还未公开。此时物理储氢技术开始正式应用于氢能源汽车领域，丰田、本田、宝马、现代、大众等为代表的主要汽车产商都推出其相应的新能源汽车。此时，也标志着物理储氢产业开始步入成熟期。

物理储氢技术相关技术领域的创新主体分布情况，如图 3.15 所示。

从图 3.15 中可以看出，该产业相关专利技术主要掌握在各大汽车生产厂商中。这也反映出了随着传统汽车产业步入衰退期，各大厂商开始发展新能源汽车，一些传统汽车厂商寻求产业变革，开始新能源相关技术的专利布局，从而提前抢占市场。

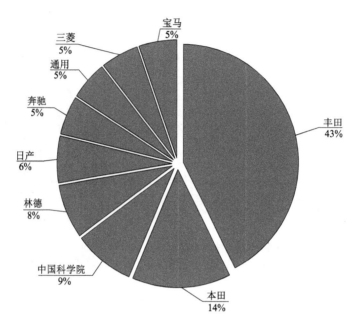

图 3.15 物理储氢专利申请全球排名前 10 的申请人份额图

图 3.16 给出了物理储氢技术四个分支的全球专利申请量趋势图。整体来看，储氢技术在 20 世纪 60 年代就开始萌芽，1998 年之前，专利申请零星出现，一直到 20 世纪末，储氢技术的四个分支才开始活跃发展起来。2015—2016 年呈现下降趋势，是由于大部分专利还未公开。而四个分支中，发展趋势整体来看，高压气态储氢的申请量最大，体现了全球对高压气态储氢技术投入了较大的研发热情，目前 35MPa 高压储氢罐已经是成熟产品，丰田公司的 70MPa 高压储氢罐被应用于商用燃料电池车型上，可见高压气态储氢当前处于成熟期。碳基吸附储氢是近几年来较热门的储氢技术，其中所使用的材

料主要有高表面积活性炭和碳纳米材料等，由于该技术具有压力适中、储氢容器自重轻、形状选择余地大等优点，已引起广泛关注，从其专利申请量增长情况来看，该产业处于成长期。对于低温液态储氢技术，由于该技术是将纯氢冷却到 20K 使之液化，然后装到"低温储罐"储存，而氢的液化十分困难，导致液化成本较高，其次对容器绝热要求也高，使得低温液态储氢的发展受限，目前液化储氢技术主要应用在航空航天方面，只有少数汽车公司推出的燃料电池汽车样车上采用该储氢技术，从其专利申请量增长情况来看，该产业还处于成长期。有机骨架储氢是近几年来发展的较新的技术，具有超大比表面积的新型多孔结晶材料，但是研究发现此类材料在常温下的储氢性能低，要投入商业应用还要克服较多的技术障碍，从其专利申请量增长情况来看，该产业还处于成长期。

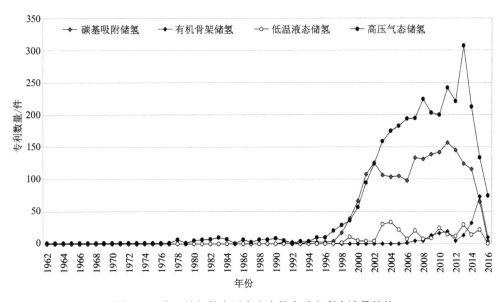

图 3.16　物理储氢技术四个分支的全球专利申请量趋势

注：由于中国发明专利申请的公开需要 18 个月，至检索截止日 2016 年 8 月之前，2016 年公开的专利数据不全，因此图中列出的 2016 年的数据趋势不作为分析依据，图中各类型依然处于成长期。

通过以上案例可知，无论是大产业还是小产业，专利数量及增长情况一定程度上反映出产业的生命周期。这是因为，产业的发展很大程度受该产业技术的影响，而专利又与技术具有强相关性，从而其申请量的变化反映出该产业的生命周期。

3.3.3 产业不同生命周期下人才引进的需求

产业的发展归根结底是技术的发展，而技术是由人研究产生的。因此，随着产业步入不同的生命周期，其对人才的需求也有所不同。

3.3.3.1 成长期产业人才引进需求

对于处于成长期的产业，特别是成长期初期的基础研究阶段，这是从科学发现到应用的漫长阶段，通常要经过几十年的时滞。从商业价值的角度来看，其回报率很低，因此鲜有私人企业愿意承担风险，且也超出了私人企业的承受水平。所以到目前为止，世界各国均将基础研究视为纯公共产品，政府主要通过直接的财政投入和基础设施建设支持高校、科研院所和科技企业的研究活动。此时，产业对于人才的引进需求并不强烈。而随着基础研究中技术的发展，当某一技术具体应用到该产业中，并且相应产品开始步入商用阶段，预示着该产业即将进入高速成长期。此时，该产业对于人才引进的需求强烈，且目标性也较强，引进人才的创新实力及产业契合度是当前阶段考虑的主要因素。

以液态有机储氢技术为例，至 2016 年，检索到涉及液态有机储氢的专利申请达 112 项。其中，国内申请 36 项，国外申请 76 项，具体分布如图 3.17 所示。从图 3.17 中可以看出，该技术最早的专利申请是在 1992 年提出的，一直到 2016 年，每年都有相关专利申请，但数量都不多，且每年数量起伏也比较大。其中，2003 年、2010 年、2015 年的相关申请量较为突出。从 2001 年开始，国内开始有相关的专利申请提出，尤其是 2010 年和 2015 年的申请量较为突出，且均超过了当年国外的相关专利申请数量。

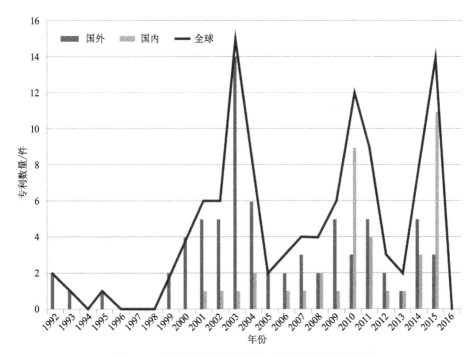

图 3.17　液态有机储氢技术全球专利申请趋势变化

从图 3.18 中可以看出，申请量排名前八的申请人申请量占总申请量的 48%，显示出该领域的申请人对申请的占有相对集中，其他申请人较多，占有相对分散，其合计申请量占总申请量的 52%。

综上可知，液态有机储氢技术在产业的应用还未完全展开，专利申请数量较少，申请人也较为分散，仅有少量企业和高校进行了专利申请。可见该液态有机储氢技术还处于产业的成长期。

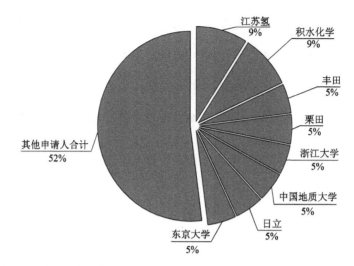

图 3.18　液态有机储氢技术全球专利申请量排名前八的申请人申请量份额

中部某市为了推动储氢技术的发展，在 2016 年的某人才引进项目中引入了行业关键人物 C 以推动该产业的发展。

C 在国内外涉及的专利申请数量为 131 件（截至 2016 年年底）。通过对其所涉及的专利逐项（同族专利合并为一项，共 41 项专利）分析，其涉及的技术领域分布如表 3.8 所示，其中涉及储氢相关的专利 16 件，涉及半导体制造的专利 14 件，涉及电池相关的专利 8 件，由此可见，C 在氢能动力产业方面研究较深，特别是储氢。

进一步对其专利涉及的技术主题作进一步细分，如表 3.8 所示。

表 3.8　C 的专利涉及的技术主题

技术分支	主题	数量	总计
半导体制造	半导体膜沉积生长技术	14	14
储氢	储氢材料及催化剂	2	16
	储氢系统	4	
	石墨吸附储氢	1	
	碳纳米吸附储氢	1	

续表

技术分支	主题	数量	总计
储氢	脱氢反应系统	2	16
	系统控制方法	1	
	液态储氢系统	1	
	异相催化反应机理	1	
	有机储氢加氢系统及方法	3	
电池	二次电池	4	8
	金属离子电池	1	
	燃料电池系统	2	
	有机聚合物电池	1	
其他	热能利用系统	2	3
	吸收式热循环系统	1	

C 在 2011 年左右对于储氢的技术研究路线进行了变更，由吸附储氢相关的研究转而投向液态储氢相关的研究；随后在 2014 年对于如何提高储氢中加氢和脱氢的效率，分别进行了相应的专利申请；在 2015 年主要集中为有机液态储氢系统及相关方法，通过相关研究，从而获得在室温下呈现液态的储氢体系，以及提高常温常压液态储氢系统的加氢和脱氢效果的技术问题。其产业契合度较高。

在引入 C 后，其成立了相应的新能源公司，并迅速推出了其采用该液态有机储氢技术的新能源汽车，形成了一个全新的千亿产业，推动了液态有机储氢产业的发展。

由此可见，处于成长期的产业其引入人才的目标明确，产业契合度高。

3.3.3.2 成熟期产业人才引进需求

随着技术和市场从成长期进入成熟期，对于人才引进的需求呈下降趋势，更多的是产业内部人才的流动，在此阶段该产业中的相关技术均已经通过专利的形式进行保护，专利数量多，且高价值核心专利大部分掌握在主导企业中，并且该些主导企业已经充分地进行专利布局。此时，某些企业或者地区想要有所突破，一方面可以直接引入某些相关技术企业，另一方面则是引入相关技术的人或团队来加强自身实力。需要注意的是，引入人才的知识产权风险也是该阶段所必须考虑的。

以人工智能产业为例，从诞生至今，人工智能已有60多年发展历史，大致经历了三次浪潮：第一次浪潮为20世纪50年代末至20世纪80年代初；第二次浪潮为20世纪80年代初至20世纪末；第三次浪潮为21世纪初至今。在人工智能的前两次浪潮当中，由于技术未能实现突破性进展，相关应用始终难以达到预期效果，无法支撑起大规模商业化应用。随着信息技术快速发展和互联网快速普及，以2006年深度学习模型的提出为标志，人工智能产业开始百花齐放，步入高速发展期。图3.19为人工智能深度学习从2000年至2019年申请量变化情况。

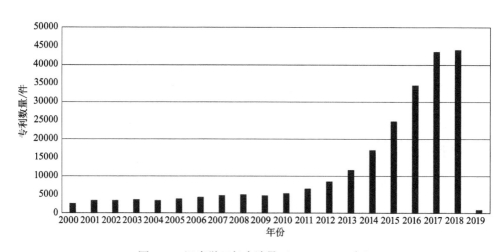

图3.19　深度学习年申请量（2000—2019年）

从图3.19中可以看出，深度学习作为当前人工智能的热门方向，申请量在 2000 年至 2010 年间每年均在 5000 件左右，而 2010 年之后迅速发展，至 2017 年已经达到 4 万件。可见，该深度学习产业在经历了一段时间的成长期后，在 2010 年后迅速步入了成熟期。

从申请人方面，中科院的专利申请量排名第一，国内除百度外基本以高校、科研院所为主，国外则以科技公司为主。

作为国内人工智能的领头企业，百度为了提高自己在人工智能产业中的竞争力，于 2014 年聘用了国外人工智能和机器学习领域国际权威之一的吴恩达作为其首席科学家。在引入吴恩达教授后，百度在人工智能方向得到了迅速发展，成为国内人工智能的领头企业。而吴恩达任职百度之前，其为斯坦福大学计算机科学系和电子工程系副教授，并且在 2010 年加入谷歌 Xlab 开发团队，这个团队先后为谷歌开发无人驾驶和谷歌眼镜两个知名项目。

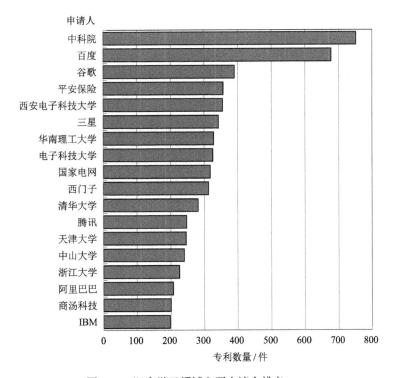

图 3.20　深度学习领域主要申请人排名

可见，处于成熟期的产业，由于其竞争激烈，其对于人才的需求也与成长期的不同，其更加关注于在当前产业中掌握有核心技术实力的人才或团队，从而能够快速推动企业发展。

3.3.3.3 衰退期产业人才引进需求

而对于步入衰退期的产业，为了避免走向衰退而寻求技术变革，对于人才引进的需求将再次变得强烈，其目标将再次放在某些基础研究且相关技术具有一定产业应用价值的人群中。

3.4 区域发展不同程度对人才的需求

产业的发展是经济增长的源动力，在区域经济发展中，区域产业的构成、发展及优化关乎区域经济发展的根本，但产业发展离不开人才助力，没有产业也吸引不了人才，因此创新和完善人才引进机制，以人才发展引领产业发展，进而提升经济发展质量是当前区域经济发展中的广泛认知。实现在产业发展和人才引进机制中建立以产引才、以才促产、产才融合的良性发展格局是推动区域经济发展的助推器。

3.4.1 区域经济发展的影响因素

区域经济是在一定区域内经济发展的内部因素与外部条件相互作用而产生的生产综合体。区域经济体现在市场经济条件下生产力的空间分布及发展，在探索区域经济发展时，主要聚焦于促进特定区域而不是某一企业经济增长的途径和措施，以及如何在发挥各地区优势的基础上实现资源优化配置和提高区域整体经济效益，为政府的公共决策提供理论依据和科学指导。每一个区域的经济发展都受到自然条件、社会投入和经济政策等因素的制约。同样，作为区域经济发展源动力的区域产业发展受到投入资金、产业定位、技术和人才、区域政策等因素的制约。

产业定位是指某一区域根据自身具有的综合优势和独特优势、所处的经济发展阶段及各产业的运行特点，合理地进行产业发展规划和布局，确定主导产业、支柱产业及基础产业。其中，主导产业是指在某一经济发展阶段中，对产业结构和经济发展起着较强的带动作用及广泛、直接或间接影响的产业部门，它能迅速有效地利用先进技术和科技成果满足不断增长的市场需求，具有持续的高增长率和良好的发展潜力，处于生产联系链条中的关键环节，是区域经济发展的核心力量。

对产业园区的产业定位要充分考虑资源禀赋、区位优势、产业基础和区域分工协作等因素，此外，产业升级和产业转移也是产业定位考虑的重要因素。不同的产业园区有不同的优势，产业园区要发挥比较优势，做好产业定位，逐步做大做强优势产业。

在产业定位形成进行逐步规划发展的过程中，任何产业的发展均需要上下游产业的支撑，无论是以企业为核心、以区域为核心亦或者以应用领域为核心构建产业生态链，进而打造产业生态圈均能够对区域产业的可持续发展提供可靠的发展路径。现代产业生态理论研究表明，产业生态圈是指一定区域内，人才、技术、资金、信息、物流和配套企业等要素有机排列组合，形成产业自行调节、资源有效聚集、企业核心竞争力充分发挥的一种多维网络体系。

而在区域产业的发展中，是否能够壮大崛起，能否得到有力的政策支撑也是尤为重要的一环，政府通过经济政策的发布，对区域经济资源配置进行宏观调控，从而促使区域逐步形成预期的经济格局和产业发展布局。因此，对于一个区域来说，想要更好地促进区域经济的发展，制定和完善各种经济政策是非常重要的。逐步制定和完善区域发展政策才能够保障区域经济的资源配置和发展方向逐步按照指引有序推进、不断优化。

同时，随着科学技术的进步，自然资源的禀赋相对于制度安排、人力资源而言，对经济发展的影响越来越小。从产业发展的规律来看，资源密集型—劳动密集型—知识密集型产业的依次递进是大势所趋。相关研究表明，农业经济对自然资源的依赖度为90%，工业经济降为60%，知识经济则下降为20%。不可否认的是，资源禀赋依然会在区域经济发展过程中，为区域经济发展提供一定的上升空间，但随着市场化进程的深入、区域竞争优势的形成，将更多地来源于区域内的知识、制度、文化等以人力资源为载体的无形资源，而不是自然资源的禀赋。

当前，新一轮科技革命和产业变革正在孕育兴起，在这场高水平的竞争中，寻找科技创新的突破口，抢占未来发展先机，决胜点就在于人才，特别是高层次人才。高层次人才具有引领性、创新性、不可替代性，其关键作用，不仅体现在对经济发展的直接贡献上，而且体现在突破关键技术、发展新兴产业、带动新兴学科上。大力培养和引进高层次人才，对一个地区、一个行业的人才队伍建设，具有重要的示范和带动作用。

3.4.2　人才引进助力区域经济发展

高层次科技创新型人才引进计划成为加快科技创新发展的重要举措之一，人才资源是当代社会经济发展的支撑点，凝聚人才资本，才能提升创新水平，助力区域产业经济的发展。

第一，区域经济发展中人才引进的过程是人才、技术及资本向区域产业集聚的过程。人才的引进尤其是高层次创新人才的引进，势必会带来产业领先的技术，通过注册资金、政府政策引导资金、社会投资资金等带动资本流向上述产业，促进区域产业发展，进而带动区域经济增长。人才持续的技术创新输出会带动政府提供更多科技服务，给予能够持续技术创新的平台，给予产业持续发展的各项保障，通过供给产业配套，形成新的产业链，为区域经济发展持续发力。

第二，人才引进有利于增强区域人才的素质，增强竞争力。通过高层次科技创新型人才的引入、产业技术的不断创新，区域的人才素质会跟随技术创新的持续发力而迅速提升，提高区域人才总体实力，提高区域内和区域间的人才竞争力，促进工作效率和工作能力的提升，增加人员的知识储备，从而促进整体区域经济的迅速发展。

第三，人才的引进有利于提升区域总体消费能力，推动区域经济发展。通过高层次科技创新型人才的引进，在逐步形成区域产业链的同时，区域内高新企业集聚效应会越发明显，从而带来高层次人群的集聚，必然拉动区域内消费增长，在区域内科技水平提高的同时，会带动第二产业及第三产业协同发展，促进人力资源的合理配置，优化区域经济结构，从而推动区域产业的新发展。

早在 2012 年，《南方日报》曾以《高层次人才抢滩激发"蝴蝶效应"》为题对中山高层次人才引进的系列发展进行报道：处于珠江口西岸的文化名城中山，用"人才支点"撬起产业市场，创造出一个"宜居和美"城市的独特发展道路。在中山产业经济发展过程中，提起"人才支点"中的典型代表，很多人都会联想到出自同一家公司的两个"明阳人"。2008 年，明阳电器集团有限公司副总裁吴步宁获得了中山市当年的科技重大贡献奖。在他获奖之后，这个奖项空缺 2 年。而在 2010 年，这个奖项再次授予了"明阳人"，明阳风电产业集团有限公司首席技术官曹人靖获科技重大贡献奖。

事实上，以产业转型升级聚集高层次人才，高层次人才也反过来带动一个企业乃至一个产业的进步和飞跃，中山"风电装备基地"就很好地诠释了这一点。以曹人靖为例，其依托明阳风电发挥科研智慧，同时又为中山风电产业创造出巨大的科研成果和经济效应。他先后主持完成了 1.5MW、2.5MW、3.0MW 系列风力发电机组的研制和产业化、近海及海上风电设备研制及产业化，其中，仅仅 1.5MW 风力发电机组，就累计实现了产值 65 亿元。人才效应绝不仅仅是经济效益，还有产业的长足发展。事实上，对明阳风电来说，数个高端人才组成的科研团队，不仅带来了聚集众多产业科研成果的企业效益，也直接带动了中山风电产业的进步和繁荣。

2010 年，由曹人靖主持完成的全球首台 3.0MW 超紧凑型风电机组的成功下线，打破了国外对 3MW 及以上海上风力发电技术的垄断，加速了我国大型风机装备国产化水平。而中山则提出依托广东明阳风电集团，打造一个上千亿元产值的风电装备基地。

从某种程度上来说，高层次科技创新型人才的创新成果，影响甚至决定着一个区域未来的发展趋势。而这种人才效应，也如同多米诺骨牌一样，在中山的现代风电产业中，带出一连串科技成果与经济效益的连锁"蝴蝶效应"。

一个人才，一个团队，带动整个区域产业的升级转型，带动整个区域经济的发展，中山并不是个例。阿基米德说，"给我一个支点，我将撬动整个地球"，在现今的区域经济发展中，给区域经济注入一个"人才支点"撬动整个区域的产业发展已经成为现实。

人才工作最终服务于推动区域经济社会的发展，要结合本地区的重点产业需求来引才、用才、留才。

3.4.3　区域经济发展不同阶段人才引进的因地制宜

出台"十三五"规划纲要以来，我国不少大中城市在落实"十三五"规划纲要的过程中，陆续制订出人才引进计划。其中，既有北京和上海这样的经济发达地区，也包括以湖北、广西为代表的中西部地区，均把引进人才置于战略优先发展地位，适时地制订人才引进计划。依托经济发展的发达程度及当地的产业现状，北京、湖北、广西三个具有代表性省区市的人才引进工作给出了不同经济发展阶段下人才引进的因地制宜措施的示例。

以北京为代表的经济发达地区人力资源层次丰富，人才类别从高层次科技创新人才到基层劳动密集型产业工人全部涵盖，其中普通中高层次人才数量较多，接近饱和。因此，北京人才引进的立足点不在于吸引普通中高层次人才，而在于吸纳"高、精、尖"的创新拔尖型高层次人才。

北京作为首都和国际化大都市，具有得天独厚的发展优势，且其作为国家创新科技应用的前沿一线城市，承担着"中国制造2025""工业4.0"等重大国家发展战略使命，需要大批顶尖科技创新领军人才的支持，其人才引进立足点，不仅要满足新时代城市高度文明发展、产业优化布局的需要，还要满足支撑作为国家高端前沿产业发展的试验田和驱动国家级重大工程项目的需要。在其已有产业基础上吸引"高、精、尖"的创新拔尖型高层次人才来进一步提升自身区域创新能力，带动经济实力进一步提升是比较鲜明的做法。

对于经济发达区域，一般均已具备比较成熟的区域产业经济，在人才引进需求中更倾向于"高、精、尖"来进一步提高自身的创新能力，以进一步提高创新高度，提高产业竞争力。

作为一定产业基础的经济次发达地区的代表，湖北武汉具有一定的人才储备基础，人力资源层次较为丰富，区域产业链已初具规模，但相较于经济社会快速发展态势，高层次人才资源储备不足，需要进一步优化区域人口结构，完善区域产业链人才构成。

2009年2月，遵循中央、湖北省委人才发展战略，武汉市委市政府决定在东湖高新区建设"人才特区"，并实施"3551人才计划"。用3年时间，在光电子信息、生物、环保节能、高端装备制造、现代服务业五大产业，引进和培养50名左右掌握国际领先技术、引领产业发展的科技领军人才，引进1000名左右在新兴产业领域从事科技创新、成果转化的高层次人才。

2012年和2014年，为加快构筑武汉国际性人才高地，发挥东湖高新区人才特区的引领示范作用，打造与国际接轨的"人才特区"，东湖高新区决定在延伸和拓展"3551人才计划"的基础上实施并进一步完善"3551光谷人才计划"，围绕光谷高新技术产业发展需要，以海外高层次人才为重点，以企业为载体，引进和培养掌握国际领先技术的领军人才、在新兴产业领域从事科技创新创业的高层次人才、金融和企业管理人才及高新区紧缺的为高新技术产业配套服务的高端人才。用 3~5 年的时间，将东湖高新区人才特区建设成为人才优先发展的示范区、人才机制创新的先行区、人才国际竞争的优势区、人才自由宜居的生态区，打造高层次人才集聚、高新技术产业和研发集群主导、高效资源要素融合、高精尖科技成果涌现、高品质环境宜居的国际化人才特区。

随着人才结构的进一步优化需要，第十一批"3551 光谷人才计划"在延续遴选"高层次创新创业人才"的基础上，新设"国际顶尖人才"和"产业领军人才"层次，积极构建人才"金字塔"，着力推动人才招引向全球拓展、向"塔尖"延伸，不断强化多层次人才梯队建设。其中，3551 国际顶尖人才重点引进诺贝尔奖、图灵奖等国际知名科技奖项获得者及中外院士，主要面向能助力东湖高新区开展前沿性、颠覆性技术创新，带来重大经济社会效益的人才。3551 产业领军人才重点引进"千人计划"等国家级专家，世界 500强等知名企业的核心成员，面向能引领产业发展、具有科技创新资源组织能力的战略型科学家或科技人才。3551 高层次创新创业人才延续了以往的申报类别和方式，重点面向国内外高校的专家学者、知名企业专业技术和管理人才及第三方科技服务领域人才。

经过政府大力的人才引进和提供产业支持，2013 年以来，光谷几乎以每年诞生一个千亿产业的速度，在创新驱动的道路上快速奔跑。这与光谷超前布局，引进海量高层次产业人才不无关系。

通过引进人才，一批全球、全国首创汇聚光谷。锐科光纤成功研发国内首台2万瓦光纤激光器，打破国外高功率激光器技术垄断；高德红外自主研发的红外探测器打破国外技术封锁，标志着我国红外热传像技术已与美国、法国共同站在世界第一梯队；嘉仪通研发出世界首台纳米级薄膜材料光功率热分析仪，填补了纳米级薄膜材料热分析领域的技术空白；人福医药首创全球肿瘤精准治疗新技术，比同靶点的美国药物靶点精准性更强、副作用更小；武汉传神全球首创"语联网"上线运行，成为全球最大、国内首个语言服务交付处理中心。10年来，"3551光谷人才计划"从小到大，有人才企业蜕变成为能够引领产业变革、创新的"独角兽"。

与此同时，产业集聚效应更加明显。近年来，投资240亿美元、月产能30万片的国家存储器基地启动建设，华星光电第6代显示面板生产线、武汉天马G6项目、新思科技全球研发中心、武汉华为研发基地等项目集聚光谷，在该领域内产生了明显的人才集聚效应，一批对高新区集成电路产业发展前景充满信心的人才和团队纷纷齐聚光谷。

通过不断地吸引人才、优化人才结构，武汉依托已有地产业基础，不断地壮大区域产业链，形成具有强劲竞争力的产业集群。针对产业结构不断优化人才构成，助力区域产业发展，对于具备一定产业基础的经济次地区具有较大的借鉴意义。

作为经济欠发达地区的代表区域，广西受区情、环境等条件限制，人才储备总量相对较为薄弱，高层次人才总量不足，领军人才奇缺，重点产业人才匮乏等问题，导致科技创新能力不足。打造一支领军产业进而形成产业集群成为突破产业发展壁垒的敲门砖。

2016 年 11 月，为贯彻落实《国务院关于印发促进大数据发展行动纲要的通知》精神，推动政府数据开放共享和产业创新发展，加快中国—东盟信息港建设，广西壮族自治区人民政府制定和印发了《促进大数据发展行动的方案》。

依托广西电子政务外网云计算中心，建设广西电子政务云计算中心和政务数据中心，构建统一的政府数据共享和开放平台载体。构建城乡一体的宽带网络，积极推动下一代互联网、广播电视网和新一代移动通信技术网络建设，分阶段在全自治区试点公共热点区域无线局域网覆盖。建设人口信息资源库；建设法人单位信息资源库；建设空间地理信息资源库；推动重要信息系统数据共享交换；加快形成公共职权运行信息资源库；普及应用自治区电子政务数据交换和信息共享平台；促进政务数据资源开放以夯实数据共享基础。推动医疗健康服务大数据工程、社会保障服务大数据工程、教育文化大数据工程、交通旅游服务大数据工程来推动民生领域数据应用。

同时通过发展工业大数据、农业大数据、服务业大数据、电子商务大数据强化产业数据支撑；激发大数据创业创新活力，培育发展大数据产业，发展特色信息服务业，拓展东盟数据市场，组建大数据产业联盟来打造数据集散中心。

经过积极引入华为、阿里巴巴、腾讯等企业进驻，争取海上丝绸之路空间信息应用示范项目落地，与国家金融信息平台新华财经合作建设中国—东盟金融信息库，推动"互联网/智能+"产业融入大湾区，在政府的高度重视与持续投入下，广西的数字产业已枝繁叶茂。

据悉，受大数据产业发展的推动，2018 年广西数字经济规模达到了约

5800 亿元，占经济比重约 28.9%，增速已经超过 13%。

广西通过打造一支领军产业，引进领军企业人才，逐步形成颇具规模的大数据产业基地，在产业基础相对薄弱的情况下大力支撑大数据产业的发展，最终在大数据产业中异军突起，强势成长，带动产业集群，促进区域经济增长，这种成长模式对于产业基础相对薄弱地区具备较大的借鉴意义。

因此，区域经济发展不同阶段下的人才引进需因地制宜，经济发达地区着眼于"高、精、尖"人才的引进，有利于进一步提升自身区域创新能力，带动经济实力进一步提升；具备一定产业基础的经济快速发展区域依托其产业基础，优化人才结构，有利于进一步形成具有强劲竞争力的产业集群；而产业基础较为薄弱的经济欠发达区域需要的是能够打造领军产业的综合性领军人才，打造主导产业，逐步形成产业集群。

第 **4** 章

人才引进知识产权评议方法研究

人才引进知识产权评议须以知识产权评议为基本手段，通过对专利所承载的技术、法律、市场等多方面信息进行深入挖掘和综合分析，以创新能力、质量、贡献、绩效为导向，描绘出产业创新人才地图，结合具体的人才引进需求制定人才引进的目标和方向，缩限人才评估范围。多渠道搜集建立人才档案，核实人才和技术的基本信息，对人才和技术的真实性做出初步评价，也便于相关部门对引进后的创新人才更好地跟踪管理。在满足人才创新能力评价体系基本原则的基础上，具体设计评价体系及其指标，对人才引进价值进行综合评价。通过对拟引进人才的风险进行逐一排查，以判断引进人才及其项目是否存在专利侵权、侵犯商业秘密或竞业禁止等风险，最后制定知识产权管理制度和相关措施。

为了适应不同主体、产业、区域的人才引进需求，笔者对人才引进的概念进行了进一步扩展，认为其既包括人才个体的引进，也包括人才团队（项目）的引进及企业的引进，即招商引智。

4.1 评议方法创建

对于政府而言，为了保证招商引智工作贴合产业未来方向和区域发展战略，全面绘制人才和企业招商地图，招商引智知识产权评议应涵盖产业现状分析研究、产业发展方向导航、区域产业发展定位、产业招商地图绘制、招商引智分析评议、招商对象风险排查和引进效能跟踪管理七个核心模块，为政府提供从招商前的目标锁定到招商后的跟踪评估的全流程评议服务，建立具有专业性、靶向性和可行性的城市或园区产业招商引资工作体系。

对于企业和高校和科研机构而言，上述现状分析、方向导航、自身发展定位的步骤分别对应的是企业竞争和学科发展（图4.1）。

图 4.1   以智招商知识产权评议方法

以下以政府招商引智为例，具体说明各步骤的含义。

4.1.1 产业现状分析研究

产业现状分析研究主要聚焦产业发展历程、市场概况、产业生态、竞争格局、政策环境、商业模式、驱动因素及趋势变化等维度的深度分析，判断目标产业是否具备成长空间并符合区域的预期,产业发展的核心要素和产业未来发展趋势,为招商战略及规划制定提供支持。

4.1.2 产业发展方向导航

产业发展方向导航主要将专利信息与产业信息深度融合,通过专利与产业创新发展协同性、专利在市场竞争中的控制力和专利对产业发展方向的预判三个方面揭示技术发展态势与方向、创新潜力与法律风险及产业转移规律与趋势,明晰产业发展方向,优化产业创新资源配置的具体路径。其中,专利对产业发展方向的预判是利用专利数据与经济数据建立模型,对其相关关系进行研究,确定潜在优势产业方向。

4.1.3 区域产业发展定位

区域产业发展定位对城市/园区禀赋资源和产业基础进行分析,将区域的产业结构、创新实力、人才储备等方面与产业要素进行对比分析,系统诊断和深入解构区域产业发展现状,判断区域产业链的薄弱和缺失环节,研判目标产业发展的可行性,立足于区域的整体利益和目标,制订优化区域产业战略布局的方案,确定能够进入并有潜力占据重要战略位置的产业和技术领域。同时跟踪研究其他城市和地区在目标产业领域的发展定位、规划、现状和特色,学习竞争对手的先进经验,构建区域特色。

4.1.4 产业招商地图绘制

产业招商地图绘制是结合战略研究和区域规划选定重点产业领域,通过专利等信息在全球范围内进行产业与技术搜索，确定关键产业环节和核心专利技术的所有人、所属企业或所属机构，描绘出潜在的招商目标或合作伙伴的分布地图，即产业招商地图。基于对区域产业体系的深入分析，辨识区域内相关企业之间的业务与技术联系，描绘出区域产业的关联图谱，为加强区域内企业之间的合作、促进集群创新和加快入驻企业的适应与融合提供政策决策参考，为区域外企业了解当地产业发展基础和寻找合作对象提供商务指南。

4.1.5　招商引智分析评议

招商引智分析评议是构建全方位的企业或人才的引进评价体系，立足于产业现状及产业链和人才分布，从整体上评估企业或人才引进过程中的考量因素及其影响作用。建立了多级评价指标，综合主观和客观评价方法，从而实现评价体系的架构稳定与指标灵活的协调统一。针对产业招商地图中收录的企业或人才，对其构建商业潜力、技术创新能力、人才团队三维价值坐标，最终确定潜在企业和人才的在引进评价体系内的相对价值，为具体招商引进与落地提供参考。

4.1.6　招商对象风险排查

招商对象风险排查主要针对拟引进企业和人才开展知识产权风险排查，包括工商活动诚信、职务发明处置权、专利申请权归属、技术秘密成果权归属、技术引进法律限制、技术自由实施风险、产品销售侵权风险、创新技术专利保护、商标使用、软件著作权等情况等内容。

4.1.7　引进效能跟踪管理

引进效能跟踪管理主要针对引进后的企业和人才进行跟踪评估与管理，包括在知识产权方面，制定知识产权管理制度，签订保密协调、竞业禁止协议，明确知识产权利益和归属分配，开展知识产权管理相关培训，评估知识产权绩效、奖惩引导促进引进企业或人才的知识产权管理规范化。此外，还应从经济效益、社会效益及科技效益三个维度对引进企业或人才效能进行考察，从投入产出、利润税收等情况考察经济效益，从人才培养、吸纳社会就业等情况考察社会效益，从论文、专利、产品研发、成果转化等情况考察科技效益，根据当期的评估等级确定下一期的奖励资助等级。

4.2　价值模型构建

在以智招商知识产权评议方法的"产业发展方向导航"和"招商引智分析评议"步骤中涉及了专利对产业发展方向的预判，对潜在企业和人才在引进评价体系内的相对价值的确定。本部分将通过分别构建产业增长预测模型、企业引进价值模型和人才引进价值模型对上述过程进行分析。

4.2.1　产业增长预测模型

地区专利产出和该地区的经济发展存在紧密联系，这在经济增长理论中已得到合理解释和有力证实。一方面，地区专利的申请数量会受到当地经济发展水平的影响，经济发达地区的专利申请数量会相应较高，这是因为经济发展可以为专利申请提供较好的支撑，同时经济的发展也会增加对专利的需求，这两者都会对专利的申请起到正面促进作用；另一方面，地区专利数量也会影响该地区的经济发展，而且这种影响力是持久的。

近年来，国内出现了一些定量研究知识产权与经济增长关系的研究成果（图 4.2）。典型的研究工作主要包括：2002 年刘华运用统计数据建立专利产出与 GDP 的线性回归模型，认为二者高度相关；2004 年徐竹青对部分国家及我国部分地区人均 GDP、R&D 支出和专利授权进行统计分析研究后认为，专利、创新与经济发展水平密切相关，专利活动对经济增长有明显的贡献；2004 年魏龙以传统生产函数为基础构建了科技产出收益计量经济模型，并分析知识产权保护对科技产出收益的影响；2006 年方曙认为我国各省区市的专利产出数与其 GDP 之间具有很强的相关性，表现为很好的定量的幂函数关系。

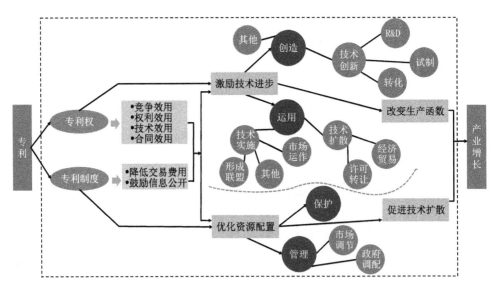

图 4.2　专利对经济增长促进过程示意图

各地区的专利数量对经济发展有着很大的影响，因为专利数量代表了科技创新的成果，是科技创新成果的商业化体现，因而会对经济发展产生重大的促进作用，而且这个作用是持续和长期的。基于以上文献研究，选取 GDP 作为经济发展程度的指标。根据国内外学者的研究，专利申请在一定程度上反映了科技成果，是可以直接取得价值的成果，所以可选取专利申请的数量作为模型的自变量。并分别考虑发明专利、实用新型两种不同类型的专利对经济发展的促进程度。考虑到专利申请对经济发展影响的滞后性，因此在自变量中需要选取滞后的变量来做分析。由于经济发展和知识积累都随时间有指数增长的趋势，故采取双对数线性模型。

$$LnGDP=\alpha+\beta_1LnPinve+\beta_2LnPutil+\varepsilon \qquad （1）$$

变量说明如下：

LnGDP：代表该产业 GDP 的年度数量的对数；

LnPinve：代表该产业年度发明专利申请量的对数；

LnPutil：代表该产业年度实用新型专利申请量的对数；

α、β_1、β_2 为弹性系数，反映出发明专利或实用新型专利对于 GDP 产值的相关程度，可利用最小二乘法计算得到。

4.2.2 企业引进价值模型

企业引进价值评估是对一个多属性体系结构描述的对象系统作出全局性、整体性的评价的过程，即对待评企业的全体，根据所给的条件，采用一定的方法给每个评价对象赋予一个评价值（又称评价指数），再据此择优或排序。为了实现客观、公正、合理的全面评价，本书采用综合评价的方式，即利用数学方法（包括数理统计方法）对一个复杂系统的多个指标信息进行加工和提炼，以求得其优劣等级的一种评价方法。

在构建综合评价模型时需要考虑构成综合评价问题的五个要素：被评价对象、评价指标、综合评价模型、权重系数和评价者。在评价指标设计时，考虑到企业引进价值评估是一项综合性的资产、技术、人才评估，是对特定目的下企业整体价值、未来潜力的分析、估算的过程。目前国际上通行的评估方法主要分为收益法、成本法和市场法三大类，其核心方法均是对企业现有资产或收益、企业目前竞争实力及企业发展潜力进行定性或定量评估，但难以对企业的创新人才和创新技术进行衡量与评估。根据人才的价值理论，从商业潜力、创新技术和人才团队三个维度上全面构建多维度评价指标，通过定性和定量的评价方式，并对巨头型企业、创业型企业进行一定区分以尽可能综合全面地反映出企业的引进价值（图4.3）。

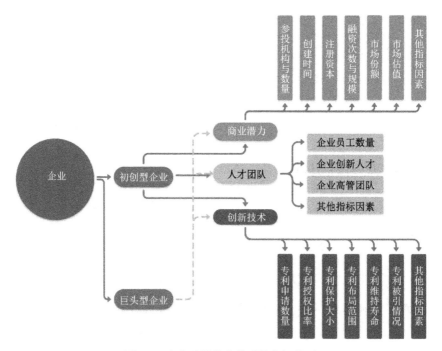

图4.3 企业引进价值模型的指标体系

4.2.3　人才引进价值模型

人才引进价值模型在综合评价模型选择和权重系数设计方面参考企业引进价值模型的构建方法。在评价指标设计时，类似于企业引进价值模型，同样从商业潜力、创新技术和人才团队三个维度上构建多维度评价指标，通过定性和定量的评价方式进行评价（图 4.4）。

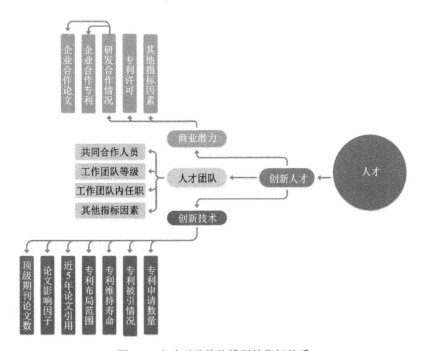

图 4.4　人才引进价值模型的指标体系

4.2.4　评价方法研究

综合评价（comprehensive evaluation，CE）最初被应用于经济效益统计方面，随着理论研究与实践活动的不断深入，综合评价的应用领域不断扩展。综合评价概指对以多属性体系结构描述的对象系统作出全局性、整体性的评价，即对评价对象的全体，根据所给的条件，采用一定的方法给每个评价对象赋予一个评价值（又称评价指数），再据此择优或排序。郭亚军将综合评价定义为：对被评价对象所进行的客观、公正、合理的全面评价。一般来说，综合评价是利用数学方法（包括数理统计方法）对一个复杂系统的多个指标信息进行加工和提炼，以求得其优劣等级的一种评价方法。

4.2.4.1 综合评价模型

对于多指标（或多因素）的综合评价问题，就是要通过建立合适的综合评价数学模型将多个评价指标综合成为一个整体的综合评价指标，作为综合评价的依据，从而得到相应的评价结果。

为了全面地综合分析评价被评价对象的运行（或发展）状况，如果已知 n 个状态向量（即 n 组观测值） $\boldsymbol{x}^{(i)} = (x_{i1}, x_{i2}, \cdots, x_{im})^{\mathrm{T}} (i = 1,2,\cdots, n)$，则根据 m 个评价指标的实际影响作用，确定相应的权重向量 $\boldsymbol{w} = (w_1, w_2, \cdots, w_m)^{\mathrm{T}}$，且选择合适的数学方法构造综合评价函数（即综合评价模型） $y = f(w, x)$，由此计算综合评价指标函数值 $y_i = f(w, x^{(i)})(i = 1,2,\cdots, n)$，并按 $y_i(i = 1,2,\cdots, n)$ 取值的大小对 n 个系统进行排序或分类。

一般综合评价指标函数主要分为以下几类。

1. 线性加权综合法

用线性加权函数 $y = \sum_{j=1}^{m} w_j x_j$ 作为综合评价模型，对 n 个系统进行综合评价。

适用条件：各评价指标之间相互独立。对于不完全独立的情况采用该方法，其结果将导致各指标间信息的重复，使得评价结果不能客观地反映实际。

特点：该方法能使得各评价指标间作用得到线性补偿，保证综合评价指标的公平性。

该方法中权重系数的对评价结果的影响明显，即权重较大指标值对综合指标作用较大。

当权重系数预先给定时，该方法使评价结果对于各备选方案之间的差异表现不敏感。

2. 非线性加权综合法

用非线性函数 $y = \prod_{j=1}^{m} x_j^{w_j}$ 作为综合评价模型，对 n 个系统进行综合评价。其中 w_j 为权系数，且要求 $x_j \geqslant 1$。

适用条件：适用于各指标间有较强关联的情况。

特点：对数据要求较高，指标数值不能为 0、负数，乘除法容易拉开评价档次，对较小数值的变动更敏感。

3. 逼近理想点（TOPSIS）方法

实际中，经常会遇到这样的一类综合评价问题，即首先设定系统的一个理想（样本）点 $(x_1^*, x_2^*, \cdots, x_m^*)$，然后对于每一个被评价对象与理想点进行比较。如果某一个被评价对象 $(x_{i1}, x_{i2}, \cdots, x_{im})$ 在某种意义下与理想点 $(x_1^*, x_2^*, \cdots, x_m^*)$ 最接近，则可以认为被评价对象 $(x_{i1}, x_{i2}, \cdots, x_{im})$ 就是最好的。基于这种思想的综合评价方法称为逼近理想点的排序方法（The technique for order preference by similarity to ideal solution，TOPSIS）。

4.2.4.2 指标权重设定方法

综合评价的复杂性的一个表现就是指标权重的确定。按照权重产生的不同，综合评价方法可以分为主观法和客观法两大类，主观法有序关系法、层次分析法、综合评分法、指数加权法、功效系数法和模糊评价法等；客观法有拉开档次法、熵值法、主成分分析、聚类分析、判别分析、变异系数法等。根据样本数据的有无，可将权重系数的计算方法分为定量和定性两大类，其中，定量法有熵值法、灰色关联度法、人工神经网络定权法、因子分析法、回归分析法和路径分析法等，定性法有德尔菲法、层次分析法、模糊聚类法和比重法等。

主成分分析法：其实质是在保证准确性的前提下，去除具有相关性的变量，找到主要变量，减小变量维数。李艳双等指出主成分分析法是通过恰当的数学变换，使新变量主成分成为原变量的线性组合，并选取少数几个在变差总信息量中比例较大的主成分来分析事物的一种方法。这种方法已经被普遍应用于经济、数学、农业、工业、林业、地理、信息科技等各个方面。主成分分析法应用于综合评价确定权重系数时有以下优点：可消除评价指标之间的相关性；可减少指标选择的工作量；减少了计算工作量。缺点是当主成分的因子负荷的符号有正有负时，综合评价函数意义就不明确。

因子分析法：因子分析的形成和早期发展，一般认为是在年提出用这种方法来解决智力测验得分的统计分析。它是把一些具有错综复杂关系的变量归结为少数几个无关的新的综合因子的一种多变量统计分析方法。其基本思想是根据相关性大小对变量进行分组，使得同组内的变量之间相关性较高，不同组的变量相关性较低。每组变量代表一个基本结构，因子分析中将之称为公共因子。因子分析在经济学、社会学、心理学、建筑学等学科都有不同程度的应用。这种方法对数据过于依赖，使得可能出现将不重要的指标作为较重要的指标保留。另外，因子分析法假设指标相互之间的关系都为线性关系，在实际应用时，如果指标之间的关系并非为线性关系，那么就有可能导致评价结果的偏差。

聚类分析法：就是根据变量间的相似关系，实现"物以类聚"。张立民最先使用聚类分析法进行综合评价排序。聚类分析与主成分分析和因子分析既有联系又有区别，李新藤对主成分分析、因子分析和聚类分析从基本思想、数据的标准化、应用上的优缺点等方面进行了详细比较，并举例说明了三者在实际问题中的应用。聚类分析法最大的优点就是直观，结论形式简明。聚类方法的缺点是聚类结果要明确就需要分离度很好的数据，几乎所有现存的算法都是从互相区别的不重叠的类数据中产生同样的聚类。

变异系数法：变异系数是统计中常用的衡量数据差异的统计指标，该方法根据各个指标在所有被评价对象上观测值的变异程度大小来对其赋权。为避免指标的量纲和数量级不同所带来的影响，该方法直接用变异系数归一化处理后的数值作为各指标的权数。孟生旺将变异系数法归为信息量权数，认为用变异系数来衡量指标变异程度的差异，即为信息量的大小。变异系数的优点是它是相对值，无单位，不受单位不同和平均数不同的影响。

层次分析法（简称 AHP）：是由著名运筹学家塞迪在 20 世纪 70 年代提出的方法，其基本原理是将决策问题的有关元素分解成为目标、准则、方案等层次，在此基础上进行定性和定量分析，在多指标的权重确定上应用广泛。层次分析法具有以下优点：①层次分析法可以把定性分析与定量分析有机结合起来；②层次分析法在分析解决问题时，是把问题看成一个系统，在研究系统各个组成部分相互关系及系统所处环境的基础上进行决策。层次分析法的不足之处在应用中摆脱不了评价过程中的随机性和评价专家主观上的不确定性及认识上的模糊性，而且并不是所有的问题都可以用此方法解决。

数据包络分析法（DEA）：1978 年，由美国的运筹学家查恩斯（Chames）和库伯（Cooper）等人首先提出的。它用来评价多输入和多输出的"部门"（称为决策单元的相对有效性。DEA 方法可以看作一种非参数的经济估计方法，实质是根据一组关于输入—输出的观察值来确定有效生产前沿面。该方法的优点：①进行分析时不必预设函数形式，避免了参数方法在实际应用时对模型具体形式的依赖；②可以处理多产出与多投入的效率评估问题，而且在投入与产出间无须决定其相对的重要性，解决了主观权数的决定与加总问题。其缺点主要是结果只表明评价单元的相对发展指标，无法表示出实际发展水平。

熵值法：熵值法根据各指标传输给决策者的信息量的大小来确定权重。某项评价指标的差异越大，熵值越小，该指标包含和传输的信息越多，相应权重越大，由于熵值法赋权比较客观，因此得到了广泛的应用。

模糊综合评价法：模糊数学是由美国控制论专家扎德（Zadeh L A）提出的，它是一门运用数学方法研究和处理具有"模糊性"现象的数学。模糊综合评价就是以模糊数学为基础，应用模糊关系合成原理，将一些模糊因素定量化并进行综合评价的一种方法，其评价的基本思路遵循定性—定量—定性的步骤，即从定性研究入手，经定量加工处理，得出定性的评价结果。

德尔菲法：也叫专家法，最早由赫尔姆和达尔克提出，在很多决策领域得到应用。德尔菲法依据系统的程序，采用匿名方式，即专家之间不得互相讨论，不发生横向联系，只能与调查人员发生关系，通过多轮次调查专家对问卷所提问题的看法，经过反复征询、归纳、修改，最后综合成专家基本一致的看法，作为决策的依据。

灰色系统理论（GS）：此方法由邓聚龙于年在其论文《参数不完全系统的最小信息镇定》中提出，他提出用灰色关联分析方法对系统动态发展过程量化分析以考察系统诸因素之间的相关程度，其基本思想是根据曲线间相似程度来判断因素间的关联程度。这种方法对样本量的大小没有太高要求，分析时也不要求待分析序列具有特殊分布，而且分析的结果一般与定性分析相吻合，因而具有广泛的实用性。目前在经济、社会、农业、工业、交通、矿业等领域中应用广泛。

人工神经网络技术（ANN）：此方法是与统计技术无关的预测和决策方法反向传播模型简称模型是人工神经网络的一个重要模型。最早始于 1943 年，由麦卡洛克（McCulloch）和皮茨（Pitts）提出的神经元的数学模型，是由大量的同时也是很简单的处理单元广泛连续而形成的网络系统。其使用的非线性函数更贴近于复杂的非线性动态经济系统，摆脱了古典经济学赖以生存的线形分析工具，能够更为准确地综合反映上市公司的信息，故比传统方法更具适用性。但是人工神经网络软件常常滞后发展；往往难以解释和给出实际的物理意义；有时候会因为所要估计的参数比大多数统计预测模型都多，导致过度拟合。

模糊灰色物元空间决策系统（FHW）：此方法是 1985 年贺仲雄教授创立的一种新的决策、评价方法，它综合了模糊数学、灰色系统理论、物元分析三个学科，把德尔菲法的咨询表改为 FHW 咨询表，把向专家咨询的一个数（顺序、判断、打分）改为一个模糊、灰色物元。FHW 方法是对德尔菲法的改进和发展。

已经有很多由两种或多种综合评价方法综合运用的文献。例如，张文泉等根据熵的性质，把多指标评价方案固有信息的客观作用与决策者经验判断的主观能力量化并结合为一个复合权值集，从而建立了一种基于熵的决策评价模型，并在投资项目方案排序中得到了较好的应用；黄明儒等使用多元统计分析方法中的因子分析和聚类分析，给出了一种功能完整的定量分析的综合评价模型；郑德玲等根据优选组合预测理论将灰色残差预测与神经网络预测结果有机结合，并用实例验证了方法的有效性还有前面提到的灰关联聚类等。

4.2.4.3 人才评议中采用的综合评价模型和方法

1. 线性加权模型

在对人才进行评价时，选择的样本数据评价指标之间基本相互独立，根据各类模型的适用性，选择线性加权综合法进行评价，即用线性加权函数 $y = \sum_{j=1}^{m} w_j x_j$ 作为综合评价模型，对系统进行综合评价以提高可操作性和推广使用的便利性。

2. 综合权重法

根据不同的指标权重计算方法，可以大致划分为两类：一是主观赋权法，将各个评价指标不同的度量单位转换成无量纲的功效系数，再通过专家打分等主观方法来决定相应的权重，即依据咨询评分的方法来确定权重，主要有层次分析法、专家评分法等；二是客观赋权法，依据研究对象的统计数据通过指标间的相关关系或指标值的差异等统计运算来客观产生指标权重，主要有熵权法、因子分析法等。两类赋权法都有其自身无法克服的问题，主观赋权法虽然能充分吸收专家的理论知识和丰富经验，体现出各个指标的重要程度，但以人的主观判断作为赋权依据不尽合理。客观赋权法虽然具有客观、不受人为因素影响等优点，但也存在一定的不足之处：一方面，权重不能体现各指标自身价值的重要性；另一方面，权重随样本的变化而改变。因此，基于人才的属性，最好是能采用主客观评价方法相结合的方式来进行分析，既切实可行又具科学性。

以下以层次分析法、熵权分析法结合的方式为例进行分析。

层次分析法的判断矩阵完全由专家主观打分而来，难以消除专家经验丰富程度对指标权重的影响。熵权法是根据客观数据对权重进行计算，但其反映的是指标间相对竞争激烈程度，而非实际重要程度。针对以上问题，采用熵权—层次分析法，即在求取权重时，将主客观方法的中间过程相结合。

具体步骤如下：

设一级指标有 x 个，二级指标有 m 个，三级指标有 n 个准则。每个二级指标中分别包含 $n_1, n_2, \cdots n_m$ 个子准则，且 $n_1 + n_2 + ... + n_m = n$。

步骤 1：通过层次分析法（AHP），构造判断矩阵，求出一级指标的权重 $A = \{\alpha_1, \ \alpha_2, ..., \ \alpha_x\}$，$B = \{\beta_1, \ \beta_2, ..., \ \beta_m\}$，以及三级指标权重向量 $C = \{c_1, \ c_2, ..., \ c_n\}$。

步骤 2：熵权法（EWM）求得各准则的权重 $U = \{u_1, \ u_2, ..., \ u_n\}$。

步骤 3：将 AHP 与 EWM 求得的三级指标的权重进行综合，得到综合权重 $T = \{t_1, \ t_2, ..., \ t_n\}$。

$$t_j = \frac{u_j c_j}{\left(\sum\limits_{j=1}^{n} u_j c_j \right)} , \quad j = 1, 2, \ldots, n \tag{2}$$

步骤 4：按照与二级指标的对应关系，重新表示三级指标的综合权重，$T = \{t_{11}, t_{12}, \ldots, t_{1n_1}; t_{21}, t_{22}, \ldots, t_{2n_2}; \ldots; t_{m1}, t_{m2}, \ldots, t_{mn_m}\}$，并对每个二级指标内的三级指标的权重进行归一化处理，$D = \{d_{11}, d_{12}, \ldots, d_{1n_1}; d_{21}, d_{22}, \ldots, d_{2n_2}; \ldots; d_{m1}, d_{m2}, \ldots, d_{mn_m}\}$。

$$d_{ij} = \frac{t_{ij}}{\sum\limits_{j=1}^{k} t_{ij}} \quad i = 1, 2, \cdots, m; \quad k = n_1, n_2, \cdots, n_m \tag{3}$$

步骤 5：将二级指标的权重 B 与步骤四所求的权重 D 对应相乘，得到权重：

$$D = \{e_{11}, e_{12}, \ldots, e_{1n_1}; e_{21}, e_{22}, \ldots, e_{2n_2}; \ldots; e_{m1}, e_{m2}, \ldots, e_{mn_m}\} \tag{4}$$

其中 $e_{11} = \beta_i d_{ij}$

步骤 6：将权重 E 重新表示为 $F = \{f_1, f_2, \ldots, f_n\}$ 并对权重 F 进行归一化处理，得到最终权重 $W = \{w_1, w_2, \ldots, w_n\}$。

$$w_j = \frac{f_j}{\sum\limits_{j=1}^{n} f_j}, \quad j = 1, 2, \cdots, n \tag{5}$$

4.2.4.4 不同引进主体、产业类型及区域发展程度对于评议结果的影响

熵权法和层次分析法实质上是一个开放性的权重选择模型，熵权法主要考量的是被评价对象指标参数的内在联系，而层次分析法主要考量的是外界因素对评价指标的影响。从不同引进主体、不同产业类型和区域发展程度对人才需求情况来看，不同的引进主体、产业类型和区域发展程度对指标的权

重定义将会不同。

例如，政府类引进主体一般更看重商业潜力，企业类引进主体一般更看重技术价值，高校、科研机构类引进主体会更看重团队价值。

从产业分类的角度，新兴产业的引进主体要占领市场，相比于传统会更看重技术价值和人才团队，技术密集型产业相比于非技术密集型产业会更看重包括技术风险在内的技术价值，处于成长期的企业要谋求生存，会比成熟期的产业更看重商业价值。

从区域的发展不同程度来看，发达地区更看重技术价值，次发达地区既看重技术价值，也会考虑商业潜力，而欠发达地区则会主要考虑商业潜力。

上述不同的侧重均会通过层次分析法给予相应指标更高的权重，从而影响被引进对象的先后顺序。

第 5 章

人才引进知识产权评议的实施管理机制

目前虽然各地都纷纷开始人才引进工程，但是人才引进机制中贯穿人才引进前后的综合知识产权评议和服务机制目前尚未建立，存在一定的人才引进风险，缺乏对引进人才知识产权的指导、考核和监管机制。在人才引进前，各级引智机构利用知识产权信息的意识不足。在搜寻高水平国外高端人才、考量拟引进人才的技术专长等工作中，还没有很好地利用知识产权信息数据进行分析。特别是在人才引进中，对人才的评估体系缺乏知识产权考核维度，对于引进团队的知识产权意识和能力是否强、人才声称拥有的知识产权真实性如何、知识产权权属是否清晰等问题，还没有引起足够的重视。而在人才引进后，对引进人才的知识产权管理和服务还不够到位。

2018 年的全国"两会"上，全国政协常委、天津市知识产权局局长齐成喜提交了一份《关于加强对国外高端人才引进过程中知识产权评议的建议》的提案，建议建立高端人才知识产权跟踪机制，推进高端人才知识产权评议制度。"在现有人才评价制度的基础上，将知识产权维度作为基础评价指标，分析人才整体的科技创新水平，全面分析人才所掌握的技术存在的知识产权风险，并针对引进人才事后进行知识产权跟踪和反馈。"齐成喜同时还建议，应加强对高端人才的知识产权服务、加大对高端人才知识产权的支持力度，并加强知识产权保护力度，为高端科技人才发挥自身优势，实现技术向市场的转换保驾护航。

2017年湖北省知识产权局承担国家知识产权局重大经济科技活动知识产权评议工程示范项目——人才引进知识产权评议。在评议中重点围绕人才引进过程中的知识产权评议工作进行机制探索，与湖北省委组织部、湖北省科学技术厅、湖北省人力资源和社会保障厅、东湖国家自主创新示范区人才办等部门进行对接，组织省内优势力量，重点面向人才引进这一新领域开展知识产权评议方法研究、操作指南研究和政策机制研究，旨在拓展评议服务领域，推动将知识产权评议工作嵌入人才引进工作流程，为科技人才引进提供知识产权分析支撑。

评议工作初步形成《人才引进知识产权评议操作指南》和《关于在人才工作中进一步发挥知识产权作用的实施意见（征求意见稿）》，明确了人才引进知识产权评议的内涵、适用领域、适用对象、主要内容，并对评议需求确定、工作机制建立、分析评议开展、评议报告出具、评议工作验收、评议结果应用等知识产权评议工作流程和环节进行了细化和规定。同时对人才培养、引进、使用、评价、激励全链条，从建立分类实施的人才培养知识产权导向机制、完善科学规范的人才引进知识产权鉴定机制、构建人尽其才的人才使用知识产权引导机制、构建科学有效的人才评价知识产权导向机制、建立灵活多元的人才激励知识产权参与机制5个方面共提出了15条政策措施。

虽然有了一些探索，但仍未形成有效的人才引进知识产权评议的实施管理机制，本章从人才引进知识产权评议的基本原则出发，明确评议主体的主要职责，评议工作的开展流程，及人才引进后续的跟踪服务，从而建立完善的可操作的人才引进知识产权评议的实施管理机制。

5.1　实施人才引进知识产权评议的基本原则

根据国家知识产权局制定的《知识产权分析评议工作指南》中规定的知识产权评议的基本原则，具体应用到人才引进知识产权评议中同样需要遵循如下的原则。

（1）目标性。应从引进主体人才引进的需求出发，建立具体的评议目标。

（2）科学性。应根据引进主体需求确定人才评议的任务，科学全面地开展基于人才的法律、技术、市场方面的信息检索与情报分析。

（3）综合性。应立足引进主体的人才引进需求，在系统分析知识产权相关情报的基础上，结合产业环境、市场环境和法制政策环境等信息，进行综合研究与判断。

（4）建设性。应针对人才引进工作中知识产权价值、问题和风险，提出可操作性的人才引进建议。

5.2　实施人才引进知识产权评议的相关主体

5.2.1　引进主体

引进主体提供不同的人才引进需求，并根据人才知识产权评议结果实施人才引进；引进主体可以是政府部门、高校及科研机构和企事业单位。

引进主体的职责：

（1）提供产业信息。引进主体可以根据其对产业的了解，提供产业信息，可以包括产业发展历程、市场概况、产业生态、竞争格局、政策环境、商业模式、产业发展的核心要素和产业未来发展趋势等，为人才引进及规划制定提供支持，并帮助主管结构及服务机构快速了解产业。

（2）提出人才引进需求。根据引进主体需求、产业现状信息、产业阶段特点提出人才引进需求。

5.2.2　主管机构

主管机构指人才知识产权分析评议的组织者，可以由引进主体提出需求并委托主管机构负责组织开展评议工作，一些小型的人才知识产权评议工作也可以不经过主管机构，直接由引进主体遴选服务机构开展评议工作。

主管机构可以分为两类政府主管部门：一类是知识产权行政管理部门，如地方知识产权局；另一类是人才引进活动的政府行政主管部门，如地方科技局。人才引进知识产权分析评议工作涉及技术、经济、法律等多方面的综合性知识，无论是知识产权行政管理部门，还是政府行政主管部门，其自身不具备提供知识产权分析评议服务的能力，因此开展此项工作，一方面需要借助服务机构的专业化服务，另一方需要各行业领域专家的指导。

主管机构的职责：

（1）遴选服务机构，组建专家库。

（2）委托服务机构为企业、高校或科研机构开展人才知识产权评议工作。

（3）开展评前识别、评中监督、评后审查、异议反馈和执行监督等工作。

5.2.3　服务机构

知识产权服务机构，能够为企业、高校、科研机构提供知识产权检索、分析、预警、价值分析等咨询服务的知识产权代理机构，以及仅提供知识产权信息检索分析服务与知识产权专项咨询服务的咨询类公司，一般应具有相应的资质。在人才知识产权评议工作中，服务机构将接受政府主管部门、企业、高校或科研机构的委托，为其提供人才知识产权分析评议服务，帮助其高效引进人才。

知识产权分析评议实施团队通常由项目负责人、信息检索人员、分析研究人员、技术和行业专家等组成，根据需要，可适时引入法律、技术和商业方面的外部专家。分析评议团队应能够检索世界知识产权组织规定的专利合作协定（PCT）最低文献量和主要国家知识产权法律状态信息，获取科技论文、科技情报，相关产业的市场竞争信息，拥有了解技术及产业现状、精通知识产权和相关外语的各类分析评议人员。

服务机构的职责：

（1）接收委托为引进主体提供人才知识产权评议服务。

（2）建立人才档案，并定期维护更新。

（3）及时向委托单位汇报工作进展。

（4）在完成知识产权评议之后进行成果交付和验收。

5.2.4 专家库

专家库可以由各行业的技术专家、经济或法律专家、知识产权方面的专家组成，主要职责和工作任务是配合服务机构实施人才知识产权评议工作，协助其开展技术、经济及法律等方面的分析工作。在有需求的情况下，可以组建专家库以便于对服务机构开展分析评议工作提供指导。

5.2.5 评议主体之间的服务模式

针对不同的引进主体及不同的服务需求开展人才引进知识产权评议服务，针对不同的引进主体及不同的需求，可以选择不同的服务模式（图5.1）。

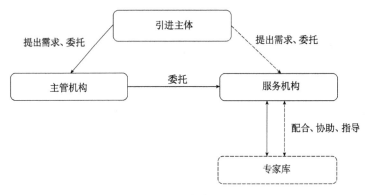

图 5.1 服务流程图

（1）引进主体直接委托服务机构的服务模式。对于一些小型的人才知识产权评议工作，可以由引进主体直接委托服务机构开展评议工作，这种服务模式中，需要引进主体对服务机构的服务质量和服务进度进行把关。

（2）引进主体委托主管机构的服务模式。对于较大型的人才知识产权评议工作及涉及重大经济利益的人才知识产权评议工作，为了确保服务质量、过程可控，可以由引进主体对主管机构提出需求及委托请求，再由主管机构遴选服务机构开展评议工作。

两种服务模式，必要时都需要专家库全程对服务机构予以配合、协助及指导，确保分析评议工作的准确性。

5.3　实施人才引进知识产权评议的工作流程

人才分析评议的工作流程大致可以分为工作启动阶段、工作对接阶段、评议工作开展阶段和总结验收阶段，该流程一般步骤如图 5.2 所示。

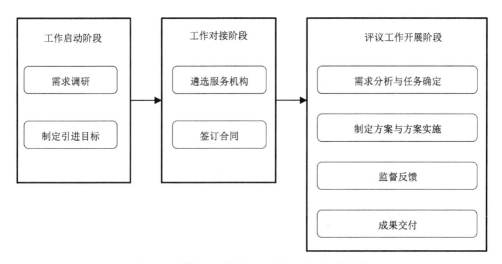

图 5.2　实施人才引进知识产权评议的工作流程

5.3.1　工作启动阶段

5.3.1.1　需求调研

在引进主体有需求的情况下，可以通过调研了解产业或辖区内企业、高校、科研机构的产业现状，及人才的结构，帮助其根据该产业的基本信息明确引进需求。调研可通过调查问卷、实地走访、组织座谈等形式进行。调研的组织方可以是由引进主体完成，也可以在确定了服务机构后，由服务机构完成。

5.3.1.2 制定引进目标

基于需求，由引进主体制定引进计划，可以向主管机构反馈引进目标，必要时可以邀请专业机构或专家协助。

5.3.2 工作对接阶段

5.3.2.1 遴选服务机构及专家库

由主管机构参照遴选标准，结合本辖区知识产权服务机构具体情况进行调整，选取综合实力较强的服务机构，比较重要的评价指标包括专利分析服务人员数量、专利咨询服务情况、公司规模等；也可吸引外省市实力较强的知识产权服务机构设立办事处或分公司参加遴选。

组建专家库，制定专家库专家遴选标准及管理办法，组织各行业的技术、经济、法律方面的专家入库，形成人才引进知识产权分析评议专家团，便于后续分析评议中技术因素、经济因素和法律因素等分析工作的开展。

5.3.2.2 签订合同

与选定的知识产权服务机构签订相应合同，明确服务内容和工作节点。

5.3.3　评议工作开展阶段

5.3.3.1　评议程序

知识产权分析评议程序通常包括需求分析与任务确定、制订方案与方案实施、监督反馈、成果交付等环节。

（1）需求分析与任务确定环节。引进主体应与服务机构就知识产权分析评议的背景和需求进行充分沟通，在对人才引进活动的情境条件及具体要求、产业领域特点等进行综合分析的基础上，明确分析评议的任务目标。

（2）制订方案与方案实施环节。服务机构应根据分析评议的任务目标制订合适的工作方案，按照工作方案和工作计划，做好分析评议的时间管理、质量管理、成本管理、沟通管理和风险管理，保障团队投入时间，配置专业分析工具，确保采用信息准确完备，逻辑推理周密客观，分析结论有理有据，对策建议合理有效。

（3）监督反馈环节。主管部门或引进主体可以要求服务机构定期汇报工作进度及工作状况，由主管部门成立监督机构，对人才引进知识产权评议工作服务机构的服务工作质量、工作进度、工作满意度等进行监督，服务机构根据反馈意见及时进行调整，必要时组织召开三方会议；若引进主体直接委托服务机构进行服务时，则可以由引进主体自行成立监督机构，对相关质量、进度等进行监督和反馈。

（4）成果交付环节。服务机构应按照既定的计划安排，交付阶段性成果和最终成果。服务机构应主动就阶段性成果与引进主体进行沟通，引进主体对于服务机构提供的阶段性成果，应及时参与讨论并予以确认。

知识产权分析与评议成果一般包括项目背景与评议需求、人才引进知识产权评议指标体系确定、面向评议指标的知识产权情报分析、知识产权分析评议主要结论和优化人才引进活动的对策建议。

5.3.3.2 评议内容

（1）产业现状分析研究。主要聚焦产业发展历程、市场概况、产业生态、竞争格局、政策环境、商业模式、驱动因素及趋势变化等维度的深度分析，判断目标产业是否具备成长空间并符合区域的预期，产业发展的核心要素和产业未来发展趋势，为招商战略及规划制定提供支持。

（2）产业发展方向导航。主要将专利信息与产业信息深度融合，通过专利与产业创新发展协同性、专利在市场竞争中的控制力和专利对产业发展方向的预判三个方面揭示技术发展态势与方向、创新潜力与法律风险及产业转移规律与趋势，明晰产业发展方向，优化产业创新资源配置的具体路径。其中，专利对产业发展方向的预判是利用专利数据与经济数据建立模型，对其相关关系进行研究，确定潜在优势产业方向。

（3）区域产业发展定位。对城市或园区禀赋资源和产业基础进行分析，将区域的产业结构、创新实力、人才储备等方面与产业要素进行对比分析，系统诊断和深入解构区域产业发展现状，判断区域产业链的薄弱和缺失环节，研判目标产业发展的可行性，立足于区域的整体利益和目标，制订优化区域产业战略布局的方案，确定能够进入并有潜力占据重要战略位置的产业和技术领域。同时跟踪研究其他城市和地区在目标产业领域的发展定位、规划、现状和特色，学习竞争对手的先进经验，构建区域特色。

（4）产业招商地图绘制。结合战略研究和区域规划选定重点产业领域，通过专利等信息在全球范围内进行产业与技术搜索，确定关键产业环节和核心专利技术的所有人、所属企业或所属机构，描绘出潜在的招商目标或合作伙伴的分布地图，即产业招商地图。基于对区域产业体系的深入分析，辨识区域内相关企业之间的业务与技术联系，描绘出区域产业的关联图谱，为加强区域内企业之间的合作、促进集群创新和加快入驻企业的适应与融合提供政策决策参考，为区域外企业了解当地产业发展基础和寻找合作对象提供商务指南。

（5）招商引智分析评议。招商引智分析评议是构建全方位的企业或人才的引进评价体系，立足于产业现状及产业链和人才分布，从整体上评估企业或人才引进过程中的考量因素及其影响作用。建立多级评价指标，综合主观和客观评价方法，从而实现评价体系的架构稳定与指标灵活的协调统一。针对产业招商地图中收录的企业或人才，对其构建商业潜力、技术创新能力、人才团队三维价值坐标，最终确定潜在企业和人才的在引进评价体系内的相对价值，为具体招商引进与落地提供参考。

（6）招商对象风险排查。主要针对拟引进企业和人才开展知识产权风险排查，包括工商活动诚信、职务发明处置权、专利申请权归属、技术秘密成果权归属、技术引进法律限制、技术自由实施风险、产品销售侵权风险、创新技术专利保护、商标使用、软件著作权等情况等内容。

（7）引进效能跟踪管理。主要给出针对引进后的企业和人才进行跟踪评估与管理的建议，包括在知识产权方面，制定知识产权管理制度，签订保密协调、竞业禁止协议，明确知识产权利益和归属分配，开展知识产权管理相关培训，评估知识产权绩效、奖惩引导促进引进企业或人才的知识产权管理规范化。此外，还应从经济效益、社会效益及科技效益三个维度对引进企业或人才效能进行考察，从投入产出、利润税收等情况考察经济效益，从人才培养、吸纳社会就业等情况考察社会效益，从论文、专利、产品研发、成果转化等情况考察科技效益，根据当期的评估等级确定下一期的奖励资助等级。

5.3.4　总结验收阶段

由主管部门组织评审团，对分析评议结构进行评估和验收，评审团由引进主体代表、主管部门代表和专家库代表组成，必要时可以对外邀请专业机构或专家共同组成。

对于总结验收阶段中评审团提出的问题，反馈给服务机构，并由服务机构进行进一步的修正和调整。

第 **6** 章

人才引进知识产权评议实例研究

6.1　武汉人才引进知识产权评议的工作开展阶段

为验证前文所述的评议方法，以武汉人工智能人才引进工作为例，说明该工作采用上述方法进行人才引进知识产权评议时的具体实施和管理过程。

武汉人工智能人才引进工作是围绕湖北省产业转型升级的思路，聚焦以科技创新为主的技术驱动型新兴产业的人才引进。该人才引进工作的引进主体为武汉市政府，该工作的开展涉及了多个政府部门，包括人才管理部门、组织部门、知识产权部门、科技部门、财政部门等，需要多部门协作配合推进。

（1）工作启动阶段，武汉市政府在国家政策的指引下，提出了对人工智能产业的发展需求和规划，由此产生了人工智能人才的引进需求，基于该需求，武汉市政府委托湖北省知识产权局开展人才引进知识产权评议工作，即湖北省知识产权局为人才引进评议工作的主管机构。

（2）工作对接阶段，湖北省知识产权局参照遴选标准，根据专利分析服务人员数量、服务质量等，遴选出国家知识产权局专利局专利审查协作湖北中心（下称"审协湖北中心"）作为服务机构。根据项目的具体内容，由湖北省知识产权局发起组建专家库，专家库由知识产权领域的专家、各高校的教授等组成，由武汉市政府及审协湖北中心签订服务合同，明确时间节点和任务目标。

（3）评议工作开展阶段，由政府机构就人才引进的需求与审协湖北中心进行充分的沟通，明确分析评议的任务目标。审协湖北中心根据任务目标制定评议方案并实施，根据评议方法，从产业现状分析评议、产业发展方向导航、区域产业发展定位、产业招商地图绘制、招商引智分析评议、招商对象风险排查和引进效能跟踪管理 7 个核心模块，为政府提供从招商前的目标锁定到招商后的跟踪评估的全流程评议服务，建立具有专业性、靶向性和可行性的城市或园区产业招商引资工作体系。

6.2　武汉人工智能人才引进项目的具体实施过程

6.2.1　产业现状分析

聚焦人工智能产业发展历程、市场概况、产业生态、竞争格局、政策环境、商业模式、驱动因素及趋势变化等维度的深度分析，得出"人工智能＋"有望成为新业态，越来越多的行业拥抱人工智能. 国内企业集中于技术层和应用层，以技术促应用，带动产业发展；未来 3~5 年人工智能以完成具体任务的服务智能为主要趋势，数据化程度高行业将率先爆发场景应用；人工智能产业将成为独角兽集中地，该产业集中着非常多的优秀创业公司；人工智能往更高层次智能发展仍需积累，人才储备将成为制约发展的重要因素。

6.2.2　产业发展方向导航分析

将人工智能领域专利信息与产业信息深度融合，通过专利与产业创新发展协同性、专利在市场竞争中的控制力和专利对产业发展方向的预判三个方面揭示技术发展态势与方向、创新潜力与法律风险及产业转移规律与趋势，明晰产业发展方向，优化产业创新资源配置的具体路径。通过分析人工智能多个应用领域对经济增长的贡献度（图 6.1），明确了计算机视觉是目前发展最成熟的细分产业。因此，基于经济推动因素考虑，在发展人工智能技术时优先选择计算机视觉。

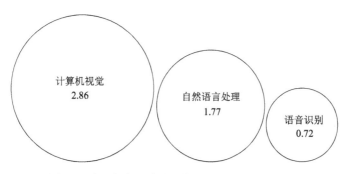

图 6.1　人工智能三大应用技术的经济增长贡献度

6.2.3　区域产业发展定位分析

通过区域整体产业结构分析，明确武汉光谷地区形成了以光电子信息产业为主导，生物、节能环保、高端装备制造、现代服务业竞相发展的"131"产业格局，规划建设光谷生物城、光谷未来科技城、光谷东湖综合保税区、光谷光电子信息产业园、光谷现代服务产业园、光谷智能制造产业园、光谷中华科技产业园、光谷中心城八大专业园区（图6.2）。

通过对武汉市的人工智能产业结构分析，明确随着智能制造产业体系、科研创新基础、智能产业服务平台的建设，武汉市初步形成了发展新一代人工智能科技产业的基础条件。从人工智能的基础支撑层、应用技术层和方案集成层都涌现出一批人工智能企业，实现了初步的覆盖（图6.3）。

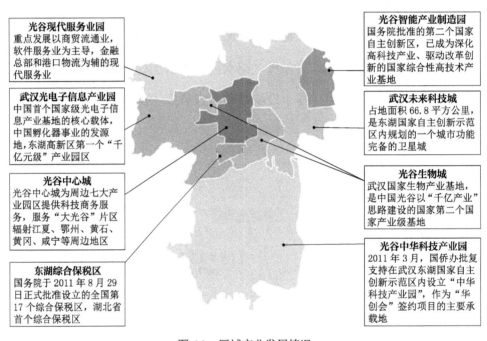

光谷现代服务业园
重点发展以商贸流通业，软件服务业为主导，金融总部和港口物流为辅的现代服务业

武汉光电子信息产业园
中国首个国家级光电子信息产业基地的核心载体，中国孵化器事业的发源地，东湖高新区第一个"千亿元级"产业园区

光谷中心城
光谷中心城为周边七大产业园区提供科技商务服务，服务"大光谷"片区辐射江夏、鄂州、黄石、黄冈、咸宁等周边地区

东湖综合保税区
国务院于2011年8月29日正式批准设立的全国第17个综合保税区，湖北省首个综合保税区

光谷智能产业制造园
国务院批准的第二个国家自主创新区，已成为深化高科技产业、驱动改革创新的国家综合性高技术产业基地

武汉未来科技城
占地面积66.8平方公里，是东湖国家自主创新示范区内规划的一个城市功能完备的卫星城

光谷生物城
武汉国家生物产业基地，是中国光谷以"千亿产业"思路建设的国家第二个国家产业级基地

光谷中华科技产业园
2011年3月，国侨办批复支持在武汉东湖国家自主创新示范区内设立"中华科技产业园"，作为"华创会"签约项目的主要承载地

图6.2 区域产业发展情况

此外，根据政策环境定位分析，《武汉东湖新技术开发区关于促进人工智能产业发展的若干政策实施细则》中更明确指出重点支持领域包括：①计算机视觉、智能语音处理、生物特征识别、自然语言理解、智能决策控制、新型人机交互等人工智能核心技术的研发及产业化应用；②支撑深度学习的大规模计算能力平台等人工智能基础资源的建设。政策的扶持将会持续促进计算机视觉产业的持续发展。

图 6.3　人工智能的基础支撑层、应用技术层和方案集成层企业

基于此，进一步明确武汉市重点发展人工智能产业中的计算机视觉会有较大的优势，因此建议武汉市选择计算机视觉作为重点发展和人才引进方向。

6.2.4　绘制招商引智地图

6.2.4.1　产业招商地图绘制

获取涉及计算机视觉的 440 家创业企业的相关数据。这 440 家企业主要分布在北京（146 家）、深圳（68 家）、上海（66 家）这三个一线城市，而武汉的创业公司有 8 家，排名第八（图 6.4）。

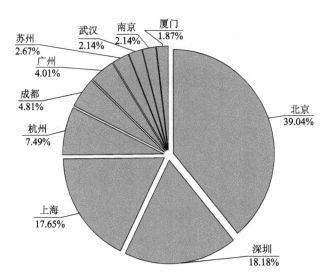

图 6.4　全国人工智能产业企业分布图

进一步地，对这些创业公司所涉及的应用领域、成立时间及企业规模进行统计分析，可以发现，排名前三的应用分别是交互、娱乐、互联网应用，金融安防和工业应用，这与近些年来互联网行业的蓬勃发展密切相关，智能驾驶、无人机与机器人、医疗影像分别排名第四、第五、第六。从成立时间来看，这些企业普遍成立得较晚，基本到了 2012 年之后才大量开始出现，2015 年成立的企业的数量达到峰值，可以看出绝大多数企业发展到现在还不足 10 年。从企业规模上来看，绝大多数企业的规模是小于 50 人的，大于500 人的企业占比只有 1%。从上述对创业型企业的分析可以发现，这类企业主要在近 5 年成立、规模较小，并且主要集中在一线城市。

考虑到目前发展比较火热的计算机视觉应用领域及武汉市的产业布局，重点选择了金融安防、智能驾驶、医疗影像和工业应用四个细分分支下的200 家创业企业作为研究样本，进行企业价值评估。

6.2.4.2 人才引进地图绘制。

人工智能领域人才分布较广且极不平衡。目前，全球人工智能人才约 30 万人。其中产业人才约 20 万人，大部分分布在各国人工智能产业的公司和科技巨头中；学术及储备人才约 10 万人，分布在全球 367 所高校中。地域分布上，美国无论是科技巨头还是高校规模、学术能力，均遥遥领先；加拿大、中国、日本则紧随其后。

1. 全球 AI 人才高校分布

367 所具有人工智能研究方向的高校中，人工智能领域的人才数量约有 10 万人。其中，有 6000 多名人工智能领域的学者及 7 万余名人工智能相关专业在读硕博研究生，每年人工智能相关领域硕博毕业生约 2 万名。在这 367 所高校中，美国拥有 168 所，占据全球的 58%，独占鳌头，加拿大、中国、印度、英国位于第二梯队（图 6.5）。

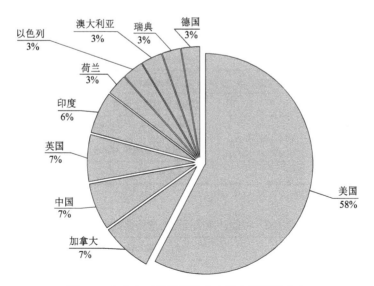

图 6.5　全球人工智能研究方向的主要高校分布

人工智能之计算机视觉领域学术能力排在世界前 12 名的高校和科研机构情况如下，其中美国占据 5 所，中国、澳大利亚和德国分别占据 2 所，瑞士 1 所。

国内许多高校的计算机系、电子系、自动化系等院系都进行计算机视觉领域的学术研究。例如，清华大学主要都集中在计算机系、交叉信息研究院、软件学院和自动化系等工程类院系，北京大学的院系主要有信息科学技术学院。全球在计算机视觉领域学术能力排名靠前的 12 所高校和科研机构如表 6.1 所示。中国计算机视觉人才所在机构排名靠前的 12 所高校如表 6.2 所示。

表 6.1　全球计算机视觉人才所在机构分布

排名	全球高校和科研机构
1	卡内基梅隆大学（美国）
2	中国科学院（中国）
3	阿德莱德大学（澳大利亚）
4	澳大利亚国立大学（澳大利亚）
5	乔治亚理工学院（美国）
6	马克斯—普朗克研究所（德国）
7	马里兰大学（美国）
8	斯坦福大学（美国）
9	苏黎世联邦理工大学（瑞士）
10	佛罗里达大学（美国）
11	慕尼黑工业大学（德国）
12	北京大学（中国）

表 6.2　中国计算机视觉人才所在机构分布

排名	中国高校和科研机构
1	中国科学院
2	北京大学

续表

排名	中国高校和科研机构
3	浙江大学
4	香港中文大学
5	清华大学
6	台湾大学
7	北京航空航天大学
8	上海交通大学
9	哈尔滨工业大学
10	台湾"清华大学"
11	南京大学
12	香港浸会大学

2. 全球人工智能人才企业分布

目前，全球人工智能领域中，产业人才约 20 万人，大部分分布在各国创业企业和科技巨头中。人工智能产业人才主要分布在美国、中国及其他国家的企业中，其中巨头企业有谷歌、微软、脸书、IBM、苹果、英特尔、百度、腾讯、阿里巴巴等企业。

纵观各国人工智能产业的公司和科技巨头的人才特点，巨头对于公司人工智能团队负责人的选择有明显得学历偏好。巨头人工智能技术负责人中 90% 有博士学位；而剩余 10% 均为硕士，而且拥有极突出的技术能力和工作经验。例如，微软应用科学组的领头人斯蒂文·巴斯切（Steven Bathiche）在硕士期间便开发了著名的混合机器人 Mothmobil；英特尔人工智能事业群的网络专家瑞恩·罗尼（Ryan Loney）有 10 段不同类型的工作经验。而在高等院校中，7 万余名人工智能相关专业在读硕博研究生。每年人工智能相关领域硕博毕业生约 2 万名。因此，从高等院校的博士研究生为入口，对相应人才进行评估和引进，可以从源头发现人才、明确目标，提高人才引进成功率。

基于此，本书针对人工智能的计算机视觉这一领域，从学历、学科排名、是否是重大项目或重要团队负责人或是有重要研究成果等多方面，对国内该领域学科排名靠前的高校人才进行初筛，得到 70 位人才样本。

6.2.5 招商引智分析评议

根据企业引进价值模型，在评价人才引进价值时考虑商业、技术、人才团队三个维度的价值，根据样本企业的基础数据，选择相应的指标。价值的计算采用线性加权模型，在权重的选择时，综合考虑主客观因素，采用熵权—层次分析综合权重法，计算权重系数时，由审协湖北中心通过制作问卷表，分发给武汉市政府或专家库进行打分，运用专家打分的调查方式，比较层次分析中各指标对模型的影响程度，并尽可能地通过大数据计算熵值，即各指标的对整体模型的影响。全面分析引进目标的各项能力，绘制出招商引智序列。

6.2.5.1 引进企业建议

根据图 6.6 排名的情况，可以根据商业、技术、人才或是综合能力需要选择引进的企业。例如，以综合能力来看，排名第一的旷视科技已落户武汉（未列入图 6.6 中）。排名次之的商汤科技（Sense Time）是全球领先的深度学习平台开发者，专注打造人工智能视觉引擎，商汤科技综合竞争力和商业竞争力排名均为第一，在商业维度上，商汤科技已经完成了 10 轮融资，融资金额达 193.75 亿元人民币，吸引了深圳市创新投资集团、IDG 技术创业投资基金等顶级投资机构为其投资，累计 36 家投资机构为其投资，商汤科技在

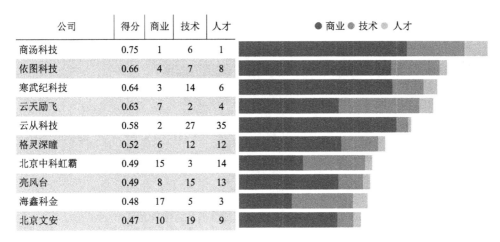

公司	得分	商业	技术	人才
商汤科技	0.75	1	6	1
依图科技	0.66	4	7	8
寒武纪科技	0.64	3	14	6
云天励飞	0.63	7	2	4
云从科技	0.58	2	27	35
格灵深瞳	0.52	6	12	12
北京中科虹霸	0.49	15	3	14
亮风台	0.49	8	15	13
海鑫科金	0.48	17	5	3
北京文安	0.47	10	19	9

图 6.6　样本企业在三个维度的排名及总排名情况

商业上具有巨大的影响力。在人才维度上，商汤科技表现也较佳，目前企业规模在 100~499 人，并且拥有的发明人 476 人，在人才队伍的培养上领先于其他企业。在技术维度上，商汤科技表现靠前，其发明专利和实用新型发明申请量分别为 481 件和 13 件，有效的发明专利和实用新型专利数量分别为 27 件和 13 件，该企业专利申请量较大，有一定的技术积累。

6.2.5.2　引进人才或团队建议

如图 6.7 所示，综合商业分支、团队分支和技术分支三个分支得到的排名情况是由高到低依次是高文、刘家瑛、李子青、黄铁军、卜佳俊、陈纯、谭铁牛、高阳、胡事民、陈熙霖。

以综合排名来看，排名第一的高文是北京大学教授，博士生导师，中国工程院院士（55 岁当选），现任数字媒体研究所所长、系统芯片研究所所长。主要研究领域为人工智能，长期从事计算机视觉、模式识别与图像处理、多媒体数据压缩、多模式接口及虚拟现实等的研究。在面向对象视频编

姓名	所在高校	得分	商业分支	团队分支	技术分支
高文	北京大学	0.73	1	3	4
刘家瑛	北京大学	0.36	2	59	57
李子青	中国科学院大学	0.34	5	25	2
黄铁军	北京大学	0.32	3	4	36
卜佳俊	浙江大学	0.30	6	7	18
陈纯	浙江大学	0.28	4	13	41
谭铁牛	中国科学院大学	0.21	16	2	5
高阳	南京大学	0.21	8	35	25
胡事民	清华大学	0.21	7	40	30
陈熙霖	中国科学院大学	0.19	12	42	1

图 6.7　样本人才在三个维度的排名及总排名情况

码、可伸缩视频编码、人脸与手语模式识别、AVS 视频编解码国家标准等方面做出重要贡献。主持"973"（首席）、"863"、国家自然科学基金创新群体等国家级项目 20 余项。已出版著作 6 部，在 ACM Computing Surveys、IEEE T-PAMI、IEEE T-IP、IEEE T-CSVT 等本领域国际顶级期刊上发表论文（含指导学生论文）200 余篇。2008 年年底他因在视频编码方面的技术贡献，当选 IEEE Fellow；2010 年因"音视频编解码理论、标准及应用的突出成就"被授予中国计算机学会王选奖；2013 年年底因"对视频技术的贡献及对计算在中国发展的领导力"而当选 ACM Fellow。参与专利 200 余项，且研究依托于深圳网络空间科学与技术广东省实验室，在商业、技术、团队上均有较高的价值或是号召力，证明了上述价值评价的有效性。

另外，上述排名的情况，可以根据商业需要、技术需要、人才团队需要或是综合能力需要选择引进的人才。

在完成了对企业和人才的价值评估和给出了引进序列之后，审协湖北中心和政府部门进行对接，明确政府部门的引进意愿。

6.2.6 引进对象风险排查

在人才引进过程中可能出现专利权属与处置风险、知识产权保护与运用风险及技术引进与使用风险等，因此要对政府部门拟引进的企业可能涉及的这些风险进行排查。其中专利权属与处置风险排查需要考虑职务发明的知识产权权益是否会随着人才的引入发生转移，从而判断潜在的知识产权侵权风险大小，及可能带来知识产权纠纷；知识产权保护与运用风险排查需对待引进企业或人才知识产权的运用、管理和保护水平进行分析，评估其创新成果的保护状况及核心技术被侵权及未来技术交叉许可谈判的风险；技术引进与使用风险排查需要对待引进企业或人才自身的技术引进与使用进行排查。

6.2.7 引进效能跟踪管理

引进企业和人才后，还需对引进的企业和人才提供相应的跟踪管理，包括跟踪服务和效能管理两方面的内容。跟踪服务可以由具体的引进主体及主管机构，如由武汉市政府及湖北省知识产权局提供，效能管理可以由服务机构，如由审协湖北中心进行评估（图6.8）。

跟踪服务包括根据人才和企业需求，积极解决发展中的问题，为企业解决资金、人才、发展等问题，为人才发展提供创业政策扶持、项目推介等帮助。联合工商、税务、人社、科技、金融等部门组成创业指导团，对创业人才免费开展以创业项目、市场拓展、工商注册、税务登记、投资融资、知识产权等内容的培训和辅导，推行人才创业"保姆式"服务。全方位服务好人才和企业，促进企业和人才的发展。

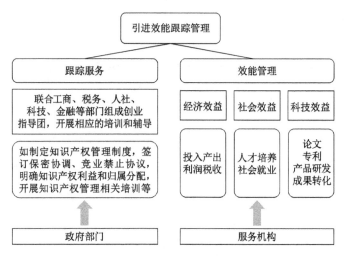

图 6.8　引进效能跟踪管理

比如在知识产权方面，制定知识产权管理制度，签订保密协议、竞业禁止协议，明确知识产权利益和归属分配，开展知识产权管理相关培训，评估知识产权绩效、奖惩引导促进引进企业或人才的知识产权管理规范化。

效能管理主要针对引进后的企业和人才进行跟踪评估与管理，将企业和人才在经济活动中所体现的投入—产出规模作为计量标准。从经济效益、社会效益及科技效益三个维度对引进企业或人才效能进行考察，从投入产出、利润税收等情况考察经济效益，从人才培养、吸纳社会就业等情况考察社会效益，从论文、专利、产品研发、成果转化等情况考察科技效益，并根据评估的结果进行管理，比如对评估结果不理想的企业或人才开展相应的培训或引导，根据当期的评估等级确定下一期的奖励资助等级。

在评议工作开展的过程中，要将监督反馈机制贯穿始终，由湖北省知识产权局邀请知识产权专家及技术专家组成监督机构，定期组织开展监督与评审工作，对审协湖北中心给出的阶段性成果及最终成果进行项目评审，对服务工作质量、工作进度、工作满意度等进行监督，及时反馈评审意见给审协湖北中心做方案修改和调整。

完成了评议工作之后，由审协湖北中心按照合同约定的时间节点交付最终成果。

6.2.8　总结验收阶段

由湖北省知识产权局组织相关政府部门对最终成果进行验收，对验收过程中提出的修改意见，由审协湖北中心做进一步的修改和完善。

本章从人才引进知识产权评议的原则出发，详细阐述了实施人才引进知识产权评议的机制，总结概括了两种评议模式：对于一些小型的人才知识产权评议工作，可以由引进主体直接委托服务机构开展评议工作，由引进主体直接对服务机构的服务质量和服务进度进行把关；对于重大科技经济活动的人才评议，由引进主体对主管机构提出需求及委托请求，再由主管机构遴选服务机构开展评议工作。将工作流程分为工作启动阶段、工作对接阶段及评议工作开展阶段三个部分，并制定了各部分有机结合和反馈的机制。对评议内容进行了规定，并给出了后续跟踪服务的建议，力求使人才引进知识产权的工作机制更完善，使工作流程更规范。

参考文献

[1] 中国政府网，中共中央国务院关于进一步加强人才工作的决定 [EB/OL]. http://www.gov.cn/test/2005-07/01/content_11547.htm.

[2] 叶忠海. 普通人才学 [M]. 上海：复旦大学出版社，1990：80-81.

[3] 许中石. 人才价值浅论 [J]. 学术界，1991（4）：49-52.

[4] 刘文晋，邵伏先. 试论人才流动的三大规律 [J]. 求索，1994：38-41.

[5] 罗洪铁. 人才价值和人力资本的内在联系 [J]. 人才开发，2005（7）：18-19.

[6] 卢昌健. 论人才价值的特征及人才的特殊功能和作用 [J]. 广东行政学院学报，1993（1）：36-38.

[7] 吴乃欣. 浅析人才价值 [J]. 中共福建省委党校学报，2001（6）：62-64.

[8] 华才，邱永明. 专家聚焦人才价值 [J]. 中国人才，2005（1）：32-33.

[9] 徐颂陶. 要认真研究社会主义的人才价值理论 [J]. 宏观经济研究，2005（2）：13-15.

[10] 叶忠海. 普通人才学 [M]. 上海：复旦大学出版社，1990：81-82.

[11] 马俊峰. 人才的价值及其实现 [J]. 中国人才，2004（3）：46-47.

[12] 李小平. 社会主义市场经济条件下人才价值的认可与实现 [J]. 社会科学，1999（7）：64-68.

[13] 赵永乐，张娜，王慧，等. 人才市场新论 [M]. 北京：蓝天出版社，2005.

[14] 张海龙，王占礼. 高等学校人才培养价值链分析与对策 [J]. 黑龙江教育（高教研究与评估），2007（4）：34-36.

[15] 郭桂英.论人才价值的实现 [J].上海高教研究，1994（1）：11-12.

[16] 王勇.人才市场结构的优化与人才价值的实现 [J].江苏商论，2005（12）：106-108.

[17] 赵永乐，张新岭.论组织中人才资本价值的有效实现途径 [J].武汉化工学院学报，2005（6）：1-3.

[18] 赵永乐.人才市场与人才价值实现 [J].西南大学学报，2007（1）.

[19] 王勇.人才市场结构与人才价值的实现 [J].现代管理科学，2005（5）：55-56.

[20] 牛励耘，薄赋徭.实现人才价值大力推进人才市场化进程——本刊专访河海大学人力资源研究中心主任、博士生导师赵永乐教授 [J].人才资源开发，2005（12）：21-23.

[21] 林建华.比较优势的内在逻辑与人才价值的实现 [J].中共福建省委党校学报，2005（1）：49-52.

[22] 程达刚，席庆伟，许世利.全国首届"中国人才学论坛"暨学术研讨会综述 [J].西安政治学院学报，2005（1）：155-156.

[23] 程达刚，席庆伟许世利.全国首届"中国人才学论坛"暨学术研讨会综述 [J].西安政治学院学报，2005（1）：155-156.

[24] 程达刚，席庆伟，许世利.全国首届"中国人才学论坛"暨学术研讨会综述 [J].西安政治学院学报，2005（1）：155-156.

[25] 时玉宝.创新型科技人才的评价、培养与组织研究 [D].北京：北京交通大学，2014.

[26] 杨月坤.创新型科技人才多元评价系统的构建与实施[J].经济论坛，2018（11）：90-95.

[27] 国务院办公厅.国务院办公厅关于转发知识产权局等单位深入实施国家知识产权战略行动计划（2014—2020 年）的通知 [EB/OL].（2015-01-04）.http://www.gov.cn/zhengce/content/2015/01/04/content_9375.htm.

[28] 国务院办公厅.国务院办公厅印发《国务院关于新形势下加快知识产权强国建设的若干意见》重点任务分工方案的通知 [EB/OL].（2016-07-18）.http://www.gov.cn/zhengce/content/2016/07/18/content_5092397.htm.

[29] 国务院知识产权战略实施工作部际联席会议办公室.国务院知识产权战略实施工作部际联席会议办公室关于印发《"十三五"国家知识产权保护和运用规划重点任务分工方案》的通知［EB/OL］.（2017-08-17）.http://www.gov.cn/xinwen/2017/08/24/content_5220034.htm.

[30] 国家中长期人才发展规划纲要（2010—2020 年）［EB/OL］.（2010-06-06）.http://www.gov.cn/jrzq/2010-06/06/content>1621841.htm.

[31] 国务院.国务院关于印发《中国制造 2025》的通知［EB/OL］.（2015-05-19）.http://www.gov.cn/zhengce/content/2015-05/19/content_9784.htm.

[32] 王晨霞，王颖.从需求层次理论探讨雄安新区人才引进机制［J］.经贸实践，2018（11）：11-12.

[33] 谭新兰，新兴产业需求拉动对人口发展的影响研究［J］.智库论坛，2018，147（31）：212-213.

[34] 国务院.国务院关于加快培育和发展战略性新兴产业的决定［EB/OL］.（2010-10-10）.http://www.gov.cn/zwgk/2010-10/18/content_1724848.htm.

[35] 高佳，战略性新兴产业专利统计分析报告［J］.科学观察，2018，13（4）：1-16.

[36] 美国商务部经济和统计管理局，美国专利商标局.知识产权和美国经济：2016年更新报告［R/OL］.（2016-12-09）.http://www.ccpit.org/contents/channel_3586/2016/1209/730539/content_730539.htm.

[37] 漆苏.知识产权密集型产业对美国经济的贡献［EB/OL］.（2017-04-05）.http://www.sipo.gov.cn/zlssbgs/zlyj/201704/t20170405_1309242.html.

[38] 欧洲专利局.知识产权密集型产业对欧盟经济及就业的贡献：Intellectual property rights intensive industries: contribution to economic performance and employment in the European Union[M]. 北京：知识产权出版社,2014.

[39] 李小帆，付书科，金明浩，杨宏兰.专利分布不均衡与区域经济集聚增长——基于长江经济带的实证 [J]. 商业经济研究,2017(23):153-156.

[40] 欧洲专利局.Intellectual property rights intensive industries and economic performance in the europen union[R]，2016 年.

[41] 中部知光技术转移有限公司课题组.长江经济带（区域）知识产权运营体系与

平台建设研究［R］.国家知识产权局软科学项目（项目编号：SS16-C-20）.

［42］徐宝寿.十二年来，美国337调查数据透视研究［EB/OL］.（2018-08-26）. http://www.iprdaily.cn/article_19709.html.

［43］前瞻产业研究院.中国汽车整车制造行业需求前景预测与投资战略规划分析报 告［R/OL］.（2020-01-03）. http://baogao.chinabaogao.com/qiche/475559475559. html.

［44］覃素玲.高层次人才抢滩激发"蝴蝶效应"［N］.南方日报，2012-03-28.

［45］贺化.专利与产业发展系列研究报告［M］.北京：知识产权出版社，2013.

［46］贺化.专利与产业发展系列研究报告［M］.北京：知识产权出版社，2013.

［47］中部知光技术转移有限公司课题组.长江经济带（区域）知识产权运营体系与 平台建设研究［R］.国家知识产权局软科学项目（项目编号：SS16-C-20）.

［48］王晖，陈丽，陈垦，等.多指标综合评价方法及权重系数的选择［J］.广东药 学院学报，2007（10）：583-589.

［49］王宗军.综合评价的方法、问题及其研究趋势［J］.管理科学学报，1988，1（1）： 75-79.

［50］郭亚军：综合评价理论、方法及应用［M］.北京：科学出版社，2007：16-82， 175-180.

［51］王晖，陈丽，陈垦，等.多指标综合评价方法及权重系数的选择［J］.广东药 学院学报，2007（10）：583-589.

［52］戴西超，张庆春.综合评价中权重系数确定方法的比较研究［J］.煤炭经济研究， 2003（11）：37.

［53］李艳双，曾珍香，张闽，等.主成分分析法在多指标综合评价方法中的应用［J］. 河北工业大学学报，1999，28（1）94-97.

［54］邹艳芬.主成分分析在经济评价中的应用［J］.连云港化工高专学报，1996，2 （4）：19-22.

［55］李新蕊.主成分分析、因子分析、聚类分析的比较与应用［J］.山东教育学院 学报，2006（6）：23-26.

［56］田瑾.多指标综合评价分析方法综述［J］.理论探讨，2008（2）25-27.

[57] 陈伟. 正确认识层次分析法（AHP 法）[J]. 人类工效学，2000，6（2）：32-35.

[58] 魏权龄. 评价相对有效性的方法 [M]. 北京：中国人民大学出版社，1988：1-25.

[59] 王萍，刘思峰. 基于熵值法的高新园区自主创新能力综合评价研究 [J]. 科技
管理研究，2009（7）：161-163.

[60] 贾慧敏. 区域旅游竞争力模糊综合评价方法评述 [J]. 商业时代，2009（13）：
121-122.

[61] 金新政. 灰关联聚类方法研究 [J]. 中国卫生统计，1995，12（3）：20-23.

[62] 邓聚龙. 灰预测与灰决策 [M]. 武汉：华中科技大学出版社，2002：1-5.

[63] 周丽晖. 一种新的综合评价方法——人工神经网络方法[J]. 北京统计，2004（11）：
51-52.

[64] 贺仲雄，崔贵章，陈治中. 模糊灰色物元空间专家决策系统 [J]. 北京交通大
学学报，1987（2）：21-29.

[65] 张文泉，张世英. 基于熵的决策评价模型及应用 [J]. 系统工程学报，1995，10
（3）：69-74.

[66] 郑德玲，刘聪，方巍，等. 基于灰色理论与神经网络的组合预测模型 [C] 中国
控制会议，2005.

[67] 王明涛. 多指标综合评价中权系数确定的一种综合分析方法 [J]. 系统工程，
1999，17（2）：56-61.

[68] 陈燕玲. 改进层次分析法与熵权法融合技术的应用——基于创新驱动发展评价
模型 [J]. 社会科学前沿，2017，6（6）：728-734.

[69] 国家知识产权局办公室. 国家知识产权局办公室关于印发《知识产权分析评议
工作指南》的通知 [EB/OL]. （2014-12-23）.http://www.sipo.gov.cn/pub/old/
sipo2013/ztzl/xyzscqgz/zscqfxpy2/zc/1031800.htm.

后　记

　　笔者所在团队通过对人才引进知识产权评议的背景和意义进行研究，对其现实需求和实施现状进行分析研究，总结出人才引进知识产权评议工作的基本理论和存在的问题，即存在知识产权评议在人才引进中应用的面还不广泛、不深入，及知识产权评议管理和服务机制不顺畅等问题，本书通过对重大经济科技活动中人才引进知识产权评议的基本内涵和构成，分析了不同引进主体、不同的区域、不同类型产业、产业的不同阶段的人才需求，创建了一套更完善的人才引进知识产权评议流程。以该评议流程为基础，针对人才引进中人才的价值评价进行指标体系和评价方法的研究，为了全面反映人才或团队、企业的价值，分别建立企业、人才引进价值模型，从人才团队、创新技术和商业价值三个维度设置全面科学的指标体系，综合主、客观评价方法，更为精准地实现符合引进主体需求的人才价值评估。最后通过开展人才引进知识产权评议机制实施管理研究，并以具体实例示范人才引进知识产权评议在政府招商引智活动中的全流程覆盖，为精准引智、科学立项规避风险、保驾护航。

　　第一章、第二章研究了重大经济科技活动中人才引进知识产权评议的背景和意义，对国外、国内相关人才评价和知识产权评议政策和方法进行了梳理，概括了人才引进知识产权评议的内涵与构成，并基于当前的政策、经济发展及评议现状，提出了知识产权评议在人才引进中应用面还不广泛、不深入及知识产权评议管理和服务机制不健全等问题。

第三章研究了不同引进主体、不同区域、不同类型产业及产业所处的不同阶段的人才需求。

不同引进主体方面，对于政府类的引进主体，其引进需求与政府的战略发展规划密切相关，其人才的引进需要能服务于国家或地方的区域经济发展；对于企业类的引进主体，其引进需求与企业的竞争格局和发展规划密切相关，其人才的引进需要服务企业创新为企业创造价值；对于高校及科研机构类的引进主体，其引进需求与高校的学科发展要求和产学研结合的需求密切相关，通过引进人才提高高校及科研机构的师资力量、完善学科建设、促进科研成果转化。

不同区域方面，以广东中山产业经济"人才支点"撬动整个区域的产业发展的实例验证人才对于区域经济发展起着至关重要的作用，以北京、武汉及广西为例，指出相对发达地区更青睐于"高、精、尖"人才的引进，具备一定产业基础的快速发展区域应依托其产业基础，优化人才结构，形成具有强劲竞争力的产业集群，产业基础较为薄弱的经济欠发达区域需要的是能够打造领军产业的综合性领军人才。

相较于传统产业，新兴产业与科技创新结合更加紧密，反映了经济社会发展产业的趋势，具有战略性、创新性、成长性、先进性、带动性等特点，新兴产业在发展初期其知识产权呈不断增长之势，并主要掌握在企业、高校或科研机构手中，这给人才引进指明了方向，而要想实现技术产品的突破，必须从关键技术方面有针对性地对人才进行挖掘，并有效防范人才引进的风险问题。

知识产权密集型产业是知识技术密集、物质资源消耗少、成长潜力大、综合效益好的经济活动，其对经济贡献的增长率往往要高于同时期的全国经济增长率。与欧美发达地区进行相比，我国知识产权密集型产业的人才价值还具有巨大的发展空间；从活跃度来看，以专利为代表的知识产权定义的人才属性在知识产权密集度产业更为显著；根据知识产权纠纷来看，知识产权密集型产业中人才引进涉及的风险更大、壁垒更多，对评议方法、数据要求及后续涉及的知识产权法律风险评议和排除要求很高；通过市场情况来看，以汽车产业为代表的我国知识产权密集型产业的长期发展和"弯道超车"依赖于新技术人才的培养和引进。

根据产业生命周期理论，产业的发展历程大致划分为成长期、成熟期和衰退期三个阶段。对于处于成长期的产业，仅有少数企业掌握产业未来发展的新兴核心技术，企业通过研发获得专利是为了在未来市场竞争中掌握主动权，产业对于人才的引进需求并不强烈。对于处于成熟期的产业，领军企业所掌握的核心技术逐渐成为产业的基础技术，被产业中大部分企业所掌握。对于处于衰退期的产业，创新失败导致产业升级中断、创新成功后新产品的出现导致对当前产业的需求逐渐降低乃至消失。因此，处于生命周期不同阶段的产业对开拓型、创新型人才有不同的需求。

第四章介绍了人才引进知识产权评议的基本内容和研究方法。为了保证招商引智工作贴合产业未来方向和区域发展战略，全面绘制人才和企业招商地图，招商引智知识产权评议应涵盖现状分析评议、发展方向导航、自身发展定位、产业招商地图绘制、招商引智分析评议、招商对象风险排查和引进效能跟踪管理7个核心模块，其中，现状、导航和定位的步骤对于政府、企业、高校和科研机构来说分别针对的是区域产业、企业竞争和学科发展。此外，为了准确定位需求，建立了产业增长预测模型，即通过专利产出预测经济增长，判断区域优先战略产业；为了全面反映人才或团队、企业的价值，分别建立企业、人才引进价值模型，通过创新实力、人才团队、商业潜力判断的企业未来潜力，从人才团队、创新技术和商业价值三个维度设置全面、科学的指标体系，综合主、客观评价方法，更为精准地实现符合引进主体需求的人才价值评估，明确重点招商对象。

第五章从人才引进知识产权评议的原则出发，详细阐述了实施人才引进知识产权评议的机制，总结概括了两种评议模式：对于一些小型的人才知识产权评议工作，可以由引进主体直接委托服务机构开展评议工作，由引进主体直接对服务机构的服务质量和服务进度进行把关；对于重大科技经济活动的人才评议，由引进主体对主管机构提出需求及委托请求，再由主管机构遴选服务机构开展评议工作。将工作流程分为工作启动阶段、工作对接阶段及评议工作开展阶段三个部分，并制定了各部分有机结合和反馈的机制。对评议内容进行了规定，并给出了后续跟踪服务的建议，力求使人才引进知识产权的工作机制更完善，使工作流程更规范。

第六章，为了验证上述评价方法和管理机制的有效性，本书以武汉市人工智能产业的精准招商引智为例，开展人工智能产业现状的分析评议，利用专利信息明晰产业发展方向，对武汉市特别是东湖高新区禀赋资源和产业基础进行分析，认为武汉市发展人工智能产业中的计算机视觉会有较大的优势。进一步通过专利信息在全球范围内进行计算机视觉的搜索，确定关键产业环节和核心专利技术的所属人，描绘出潜在的潜在引进目标的分布地图，经引进主体设置的条件筛选得到 200 个目标新创企业开展分析评议，得到目标企业的排名，与引进主体沟通后，确定引进对象，同时开展风险排查并给出引进效能跟踪管理的计划，实现人才引进知识产权评议在政府招商引智活动中的全流程示范。